일상생활에서/성령님과
친밀하게 교제하는 비결

특별히 _____ 님께
이 소중한 책을 드립니다.

일상생활에서 성령님과 친밀하게 교제하는 비결

〈오늘, 우리 삶에서 성령님이 하시는 일들〉

해럴드 J. 살라 지음
오 찬 규 옮김

나침반

성령님과 친숙하게 지내는 삶의 비결

저의 오랜 친구이자 밥존스대학교 동문인 해럴드 살라 박사는 참 대단한 인물입니다. 뛰어난 강사인 그는 60권이 넘는 책을 펴낸 역량 있는 저술가인 동시에 우리시대 가장 빼어난 성경교사로서, 학업 성적이 우수했고 훌륭한 성품도 지닌 겸손한 사람입니다.

1963년 시작된 그의 5분 방송 메시지 「가이드라인」은 현재 112개국에 12개 언어로 수많은 영혼에게 성경적인 삶의 지침을 제공하고 있는데 이 모든 사역의 근본적인 에너지는 성령의 능력에 있습니다.

성령께서는 우리가 하나님의 마음을 알고, 그 뜻을 깨닫고, 그분이 원하시는 일을 행할 힘을 주기 때문입니다. 이번에 해럴드 살라 박사가 저술한 "성령님과 친숙하게 지내는 삶의 비결"을 담은 이 책을 통하여 우리의 삶 가운데 함께하시는 성령님의 능력과 임재를 강력하게 경험하게 될 것입니다.

사람이 사람을 만나면 역사가 일어나고, 사람이 하나님을 만나

면 기적이 일어납니다. 이 책을 통해 성령님과 인격적인 관계가 형성되고, 우리 사회에 놀라운 변화의 역사와 기적이 일어나기를 기원합니다.

김장환 목사(극동방송-이사장)

성령에 관한 책이 또 필요할까?

이 책을 쓰기 전에 내가 자문했던 똑같은 질문을 당신도 해 봤을 것이다. 솔직히 말해서, 나는 반세기 동안 이 책을 쓰려는 마음은 간절했으나 주변만 서성이며 맴돌았다. 1960년대에 나는 훗날 평범하게 누구나 쉽게 읽을 수 있는 책을 써야겠다는 기대 속에 성령의 사역에 관한 275쪽짜리 박사학위 논문을 완성했다.

2년에 걸쳐 쉼 없이 연구하고 논문을 쓰는 동안, 우리의 사역 - 가이드라인스(Guidelines, 삶의 지침) -이 시작됐다. 좋은 의도와 열망으로 결국 논문은 완성했지만, 성령에 관한 책을 저술하는 일은 하나님의 큰 사랑과 용서의 메시지를 간절히 원하는 세상에 복음을 전해야 하는 그 중대성에 가려 퇴색하였다.

가이드라인스를 시작했던 1963년, 세계에서 가장 큰 나라로 꼽히던 다섯 나라 중에 네 나라-중국, 인도, 소련, 인도네시아-의 문호가 굳게 닫혔다(그 당시 미국은 네 번째로 큰 나라였다). 대중매체가 그 어둠의 장막을 뚫고 "예수께서 구원하신다는 강력한 음성"을 전할 유일한 기회라고 확신했다.

이어서 70년대의 성령운동은 세계복음화에 활력을 일으키는 화두가 되었고, 찬반 양측에서 엄청난 양의 책들이 쏟아져 나왔다.

서로 자기의 주장이 중요하다고 다투는 통에, 성령에 관한 또 다른 책을 한 권 더 내본댔자 소용이 없다고 여긴 나는 그 주제에 관련한 소책자 몇 권만 선보였다.

나의 교리적 입장은 60년대와 본질에 있어서 달라진 것이 없지만, 그렇다고 똑같지는 않다. 세월이 흐르는 동안, 하나님께서 나의 지식에 진리를 더하셨고, 그것들을 마음에 담게 하셨으며, 성령께서 시간 속에서 차츰차츰 나의 삶에 변화를 주셨다.

하필 이 시점에 내가 이 책을 쓴 이유는 대다수는 아닐지라도 너무도 많은 그리스도인이 성령께서 각자의 삶에서 일하신다는 것을 모르고 지내는 것을 절박할 정도로 안타깝게 여겼기 때문이다.

나는 신학적 논란을 벌이며 보수냐 진보냐를 따지는 데는 흥미가 없다. 다만 당신과 더불어 성경을 가지고 오늘날 우리의 삶 가운데 역사하시는 성령님의 인격, 능력, 목적, 그리고 사역을 살펴보고 싶을 뿐이다.

이 책은 신학자나 자기만의 색깔을 가지고 - 미사여구를 섞어가며 열정적으로 - 논쟁하기 좋아하는 사람을 위해 저술하지 않았다. 이것은 단순히 성령님이 누구신지 그리고 어떻게 해야 개인의 삶에서 성령의 내주하심을 경험할 수 있는지 간절히 알고 싶어 하는 분들을 위한 책이다. 그러한 분들은 성령의 능력으로 믿음과 신념을 고수하며, 악의 소굴과 방불한 우리 문화에 물들지 않고 의연하게 살 힘을 얻게 될 것이다.

나는 당신에게 성경이 말하는 바를 알려드리고자 한다.

내가 인용할 성경 구절들은 수천 년 전 성령의 감동하심을 받은 자들이 하나님께 받아 말한 권위 있는 말씀이다. 아주 오래전에 베드로는 이렇게 썼다.

"예언은 언제든지 사람의 뜻으로 낸 것이 아니요 오직 성령의 감동하심을 받은 사람들이 하나님께 받아 말한 것임이라"(벧후 1:21).

세상에 있는 그 어떤 책도 우리에게 성경처럼 아버지와 아들과 성령의 관계를 통찰력 있게 알려주지 못한다.

주님을 더욱더 깊이 알고자 하는 갈급한 심령을 당신에게 허락하시며, 성령께서 친구요, 상담가요, 위로자요, 인도자가 되셔서, 영적으로 당신을 맥 빠지게 하고 굴복시키려는 도전 앞에 당신이 당당히 맞서서 이기도록 도와주시기를 간절히 기도한다.

해럴드 살라(Guidelines 대표)

감사의 말

극소수를 제외하고 모든 저자는 여러 스승과 교수와 멘토와 격려자의 어깨 위에 얹혀있게 마련이다. 나도 예외가 아니다. 순례 길에서 기로에 섰을 때 내게 상담과 격려를 아끼지 않았던 익명의 두 분께 이 책을 헌정한다.

작가적 자질이 있는 내 사랑하는 아내 달린에게 지은 빚은 수를 헤아릴 수 없다. 골짜기를 지날 때 손잡고 함께 동행 하면서 일마다 때마다 나의 영적 행보에 아낌없는 지지를 더했다. 또한 그녀는 이 책을 한 쪽씩 정독하면서 훌륭한 조언과 논평을 해 주었다. 그녀의 협력 없는 내 인생과 사역의 험난함은 상상하기조차 싫다.

부가적으로, 신학을 전공한 세 분의 목사님, 존 노트헬퍼, 존 레드먼, 딕 존슨은 하나님을 위하는 마음으로 초고를 읽으며 여러 의견을 내놓았고, 유익한 논평을 해 주었다.

사귄지 오래된 벗, 고든 콘웰의 교수 도널드 페어베언 박사는 고맙게도 시간을 내어 원고를 읽고 소중한 조언을 하면서 성령께서 성부 하나님과 성자 예수 그리스도와 맺고 계시는 관계에 대하여 알아듣기 쉽게 잘 설명해 주었다. 그에게 진 빚이 크다. 트리니티 대학교의 존 프란시스 버크 교수는 편집 과정에서 정중하게 서평을 하며 중요한 제안을 했다. 마지막으로 반세기 이상 친구로 지내는 워런 클라크를 빼놓을 수 없다. 교정을 보면서 다수의 오타를 잡아냈다. 모든 분에게 감사한다!

목차

제 1 장

성령님은 누구신가?

"우리는 마땅히 빌 바를 알지 못하여,
누구를 위해서 기도해야 할는지 막막하고
어떤 중보자를 통해 누구로 말미암아 기도해야 하는지
아무것도 아는 것이 없지만,
성령께서 도우시고 지원하신다."

존 번연[12]

"성령님은 하나님이시다!"

이번 장 제목에 대한 가장 간략한 대답은 딱 잘라 말해 이것이다.

실제로 사도 베드로는 그 질문에 대답했다. 그는 12사도 가운데 야고보, 요한과 함께 한 조를 이루었으며, 오순절 날에 성령께서 강림하실 때 그 자리에 있었다.

누가는 초대교회에서 어찌나 사람들이 서로 조화를 이루며 자신의 소유를 한 가족같이 함께 나누면서 헌신적으로 살았는지 보고한다. 그러다가 교회에서 아나니아와 삽비라 부부가 재산을 팔아 그 돈을 교회에 드리지만, 그중 일부를 몰래 감춘다. 베드로는 아나니아를 정면에서 보면서 이렇게 말한다.

"아나니아야 어찌하여 사탄이 네 마음에 가득하여 네가 성령을 속이고 땅값 얼마를 감추었느냐 땅이 그대로 있을 때에는 네 땅이 아니며 판 후에도 네 마음대로 할 수가 없더냐 어찌하여 이 일을 네 마음에 두었느냐 사람에게 거짓말한 것이 아니요 하나님께로다"(행 5:3~4).

그런데 성령님이 하나님이시라면, 하나님이 세 분이나 계신 것일까?

아버지 하나님

아들 하나님

성령 하나님?

절대로 그렇지 않다!

삼위일체로 존재하는 하나님의 세 위격(Person, 位)은 인간처럼 세 명으로 계신 것이 아니다. 대신에, 세 위격은 동일한 속성을 가지시며(좀 더 상세한 것은 2장에서 다룸), 또한 한 분 하나님으로 연합하시는 것이지 세 분이 아니다. 성경적인 신학의 가장 근본이 되는 기초는 하나님은 한 분이라는 사실이다. 모세는 이 위대한 진리를 신명기 6장 4절에 못 박아 놓았다.

"이스라엘아 들으라 우리 하나님 여호와는 오직 유일한 여호와이시니."

비록 삼위일체론이 기독교에서 가장 많은 논쟁거리이고 이해하기 어려운 개념이기는 하지만, 뭐니 뭐니 해도, 성경은 하나님의 유일성으로 시작한다. 당신이 말씀을 진지하게 탐구하는 학생이라면, 그 주제에 관하여 명확하고 이해하기 쉽게 쓴 도널드 페어베언의 책 "삼위일체 안에서의 삶"(Life in the Trinity)을 추천한다.[2]

성구사전에서 "삼위일체"(Trinity)라는 단어를 검색해 보면, 이는 성경에 없는 용어라는 것을 알 수 있다. 그렇지만, 그 개념은 창세기의 첫 절부터 등장하며, 삼위일체 사상이 성경 전체에 걸쳐 실타

래처럼 두루 얽혀있다.[3]

ESV 스터디 바이블에 이런 설명이 있다.

"성령님은 모든 신적 속성을 가진 완전하고 온전한 하나님이시다. 성령 하나님은 성자 하나님의 사역을 확대하신다. 성령님의 구별된 역할은 아버지와 아들이 합치하신 뜻을 성취하는 것이며 성부와 성자께서 서로 인격적인 사귐을 갖도록 하시는 일이다."[4]

신학교수 밀라드 에릭슨은 널리 사용되는 그의 책 "조직신학"(Systematic Thelogy)에서 21쪽에 걸쳐 성령의 사역을 소개한 다음, 이렇게 결론을 맺는다.

"삼위일체 교리는 자명하거나 설득력 있는 논리가 부족하므로 미완료 상태이다. 다만 확실한 것은 하나님이 계시하신바, 그분의 존재방식이 삼위일체라는 것뿐이다."[5]

그래서 에릭슨은 일반적으로 자주 쓰는 해럴드 린셀과 찰스 우드브릿지의 공저 "기독교 진리 핸드북"(A Handbook of Christian Truth)에 (나에게 신학의 눈을 뜨게 해 준 책) 나오는 내용을 그대로 인용한다.

"인간의 지식으로는 삼위일체의 신비를 완벽하게 이해할 수 없다. 삼위일체를 완전하게 이해하려고 애쓰는 사람은 정신 줄을 놓는다. 그러나 삼위일체를 부인하는 자는 자기 영혼을 잃는다."[6]

정신 줄을 놓게 할지언정 그나마 괜찮아 보이는 논의에는 어떤 것이 있는가?

많은 사람이 삼위일체를 유비(類比, analogy: 맞대어 비교함)를 사용해 풀어보려 하지만, 사실 21세기에 삼위일체와 성부, 성자, 성령

사이의 관계를 적절하게 설명할 수 있는 유비는 하나도 없다.

과거 삼위일체의 개념을 한 친구에게 알려주기 위해 내가 찾아봤던 한 가지 사례는 액체, 고체, 기체 이렇게 세 가지 형태로 존재하는 물을 유비로 드는 것이었다.

내 친구 밀로는 유대인이었는데, 그는 어렴풋하게나마 하나님을 짐작 가는 대로 믿었지만, 예수께서 그리스도란 것을 확신하지 않았고, 성령님은 전혀 알지 못했다. 나는 그에게 하나님이 누구신지 알려주려고 노력했는데, 마치 맨땅에 헤딩하는 것 같았다. 그래서 내가 말했다.

"봐봐 밀러, 저기 안개 보이지? 그것은 H2O이지만, 형태는 기체라고. 내 잔에 담긴 물 보이지? 그것도 H2O이지만, 액체 상태야. 같은 원소지만 모양이 다를 뿐이잖아. 이번에는 이 잔에 떠 있는 얼음 덩어리를 좀 봐. 고체잖아. 세 가지가 모양은 달라도 모두 같은 H2O라고."

그런 다음 이렇게 말했다.

"그것처럼 하나님은 성부, 성자, 성령으로 존재하시는 거야. 그분들은 단지 각기 다른 세 가지 형태로 존재하지만, 공유하는 속성은 같으셔."

그러나 도널드 페어베언은 이런 유비가 부적절하다는 것을 이렇게 설명한다.

"물은 하나지만 셋으로 되어 있는 것과 마찬가지로 하나님은 한 분이지만 셋이라고 말한다(특정한 온도와 압력에서 물은 기체, 액체, 고체 상태로 존재한다). 또는 한 남자가 아들과 남편과 아버지가 될 수 있듯이 하나님도 한 분이지만 셋이라고 한다."

그러나 이런 유비와 그와 비슷한 설명들에는 매우 심각한 문제가 있다. 물은 대기권 아래에서 일정한 압력과 온도에 따라 고체, 액체, 기체 상태로 존재하는 것이 사실이다. 하지만 물 분자는 각각 한 번에 한 가지 상태만 유지한다. 만일 물을 유비로 사용할 경우 논리적으로 따져봤을 때, 하나님은 조건에 따라 이 형태에서 저 형태로 가변 하는 존재여야 한다. 그렇다면 한 분 하나님이 삼위일체가 되기 위해 시시각각 다른 분으로 바뀌어야 한다. 역으로, 같은 사람인데 남과의 관계에서 세 종류의 다른 사람이 된다는 아버지, 아들, 남편의 유비는 정작 성삼위께서 각기 고유한 인격체로 서로 교제하는 것을 설명하지 못한다. [7]

삼위일체를 촛불을 가지고 설명하는 또 다른 유비가 있다.

"불꽃이 잦아들면 희미해져서 거의 보이지 않지만 어쨌든 촛불이 활짝 피면 푸른빛을 띤 겉불꽃과 어두운 불꽃심이 보이고, 따뜻함이 느껴지는 주황색의 속불꽃이 나타난다. 촛불은 하나이지만 세 부분으로 표시된다. 그러나 이런 유비는 하나님을 마디로 나누는 셈이어서 도리어 사람들이 삼위일체를 온전하게 이해하지 못하게 한다. [8]

성부 하나님, 성자 하나님, 성령 하나님은 하시는 일이 각각 다르며, 그 세 위격이 하나인 한 분이고 유일한 하나님이시다. 아버지는 아들을 보내시고, 아들은 성령을 보내시며, 성령은 아들을 크게 드러내신다. 도널드 페어베언은 이렇게 요약한다.

"셋이기는 하지만 여하튼 하나라고 생각하는 대신에, 무엇보다 그 셋이라는 의미를 잘 이해해야 한다. 이는 셋이 서로 항상 교통 교제하신다는 뜻으로서, 따로 떨어진 것이 아니라, 한 분 하나님으로서 셋이 하나로 연합하신다는 의미이다." [9]

아버지, 아들, 그리고 성령은 누구신가?

영어권에서 모든 세대에게 널리 읽히는 흠정역(KJV) 성경 발행 400주년을 기념하여 쓴 데렉 윌슨의 명저 "사람들의 성경"(The People's Bible)에 지금까지 오랜 세월에 걸쳐 진행되어 온 성경 번역에 얽힌 이야기가 실려 있다.

윌슨은 번역자들을 여섯 개 군으로 분류했는데, 웨스트민스터, 옥스퍼드, 캠브리지에서 각각 두 개의 군으로 나누었다. [10]

그렇다면 영국 최고의 지성인들이 참여한 세 개의 주요 기관에서 저들이 서로 합력하여 흠정역 성경을 만들었을까?

절대로 그렇지 않다. 경쟁과 대립과 고집 센 언쟁만 있었다. 가톨릭 학자들은 청교도 학자들과 대립각을 세웠고, 칼빈주의자는 알미니안주의자와 상종하지 않았다. 게다가 학적인 대립은 번역자들 상호간에 격론만 일으켰다.

이런 분위기 속에서 프뉴마(pneuma)라는 헬라어 단어는 비록 똑같은 뜻이지만, 어떤 부분에서는 약 90회 정도 성신(Holy Ghost) 으로, 다른 부분에서는 약 7회 정도 성령(Holy Spirit)으로 번역했다.

옥스퍼드 출신의 번역자 군에서는 "성령"이란 용어를 사용하였고, 그들과 대립각을 세운 캠브리지 출신의 번역자들은 "성신"이란 용어를 썼다. 그런데 "신"(Ghost)이라는 말은 셰익스피어나 제임스 왕 시대에 훨씬 더 많이 사용하던 용어로서, 살아있는 인격체의 정수를 의미한다.

과거의 글들을 읽다보면, "숨"이나 "영혼"이란 단어 대신에 종종 "신"이란 용어를 동의어로 사용하는 것을 볼 수 있다. 언어가 차츰 발전하면서, 사람들은 죽은 사람의 환영을 가리킬 때 "신"(유령)이라고 했고, 살아있거나 생명을 가진 인격체의 정수에는 "영"이라는 용어를 표준적으로 사용하기 시작했다.[11] 그리고 약 300년 전에는 "신"과 "영"을 교체 사용했다.

당신이 진정 확실하게 해 둬야 할 사실이 하나 있다.
흠정역 성경을 읽든지 아니면 다른 현대판 번역 성경을 읽든지 간에, 그 두 종류의 용어는 모두 성삼위 하나님 가운데 제 삼위의 하나님을 언급한다는 점이다. 이에 예수께서 사마리아 여인을 수가라 하는 동네의 우물에서 만났을 때, 이르기를 "하나님은 영이시니 예배하는 자가 영과 진리로 예배할지니라"(요 4:24)라고 하셨다.
"성"이라는 단어는 성령님의 속성을 언급하는 것으로서, 그 말에는 세 가지 뜻이 함축되어 있다.

(1) 그분은 순전하시다.

(2) 그분은 부정한 것에서 떠나계신다.

(3) 그분은 완전하고 온전하시다.

"영"이란 용어는 그분은 우리처럼 신체를 가진 분이 아니시며, 또한 그분의 속성이 영이란 점을 함의한다. 예수께서는 성령은 하나님이시므로 예배해야 하며 경외해야 한다고 말씀하신다. 삼위라고 했을 때, 그 삼이라는 숫자는 하나님 사이에 무슨 계급이 있다는 뜻이 아니다.

삼위일체는 신약만큼이나 구약에도 명확하게 그 뜻이 내포되어 있다. 모세는 창세기에서 창조기사에 이미 성령님을 적시해 놓았다. 그는 이렇게 시작한다.

"태초에 하나님이 천지를 창조하시니라"(창 1:1).

여기서 그는 "하나님"을 엘로힘(Elohim)이라는 히브리어의 복수형 명사로 명시했다. 그리고 "창조하다"라는 히브리어의 단수형 동사 바라(bara)를 사용한다. 따라서 "하나님"이라는 단어는 복수의 뜻을 가진 단수이다.

신약에서 삼위일체의 개념은 훨씬 더 이해하기 쉬우며, 명확한 표현으로 상세히 진술한다. 그리스도께서 세례(침례)를 받으실 때, 물에서 올라오시는 성자를 향하여 성부께서 하늘에서 음성으로 이르기를 "이는 내 사랑하는 아들이요, 내 기뻐하는 자"라고 말씀하신다. 그리고 "하나님의 성령이 비둘기 같이 내려" 오신다(마 3:16~17).

성삼위께서 모두 출현하신다.

하늘에는 성부, 세례(침례)를 받고 올라오시는 성자, 그리고 비둘기 같이 임하시는 성령!

삼위일체는 또한 "아버지와 아들과 성령의 이름으로"(마 28:19) 세례(침례)를 주라는 명령에도 표현되어 있다. "이름"은 단수란 점에 주목하라. 바울은 또한 고린도에 보내는 마지막 편지에서 이렇게 말한다.

"주 예수 그리스도의 은혜와 하나님의 사랑과 성령의 교통하심이 너희 무리와 함께 있을지어다"(고후 13:14).

성령을 무시하거나 오해한 성경 교리는 전혀 없다

사도 바울은 고린도 교회에 보내는 서신에서 초대교회의 교리를 명확하게 밝혔다. 그는 이렇게 단언한다. "내가 받은 것을 먼저 너희에게 전하였노니 이는 성경대로 그리스도께서 우리 죄를 위하여 죽으시고 장사 지낸 바 되셨다가 성경대로 사흘 만에 다시 살아나사"(고전 15:3~4). 그런데 성령님은 빠져있고, 단순히 그리스도께서 우리 죄를 위해 죽으시고, 장사 지낸 바 되시고, 다시 살아나신 것만 쓰여 있다.

하지만 초대교회 교부들은 성령의 중요성을 깊이 인식했다. 325년에 작성한 니케아 신경에 성령님을 따로 별도의 주제로 뽑았고, 약 56년 후에 니케아 신경을 증보하면서 훨씬 더 풍성한 내용을 첨

가했다. 365~380년 사이에, "오리겐의 뒤를 이어 유능한 신학자였던 아타나시우스(296~373년), 위대한 바질(330~379년), 맹인 디두모(313~398년)가 쓴 세 편의 중요한 논문에 성령이 나온다." [12]

마틴 루터와 존 칼빈, 이 두 명의 종교개혁자가 성령의 사역에 관하여 책도 쓰고 명확한 설교도 했다. 성령에 대한 루터의 관점은 그가 쓴 찬송가 "내 주는 강한 성이요"의 가사에 잘 요약되어 있다.

"그 말씀 세상 모든 권세 이기니, 저들 반응 상관없도다.

우리 편이신 주께서 성령과 은사를 우리에게 주시도다."

(역자 주 – 한글 찬송가에는 빠진 원곡의 4절 가사)

프린스톤 신학원의 교수였던 벤자민 워필드는 이렇게 기술했다. "죄와 은혜의 교리는 어거스틴이, 만족설 교리는 안셀름이, 이신칭의 교리는 루터가 시작했다면, 성령의 사역에 관한 교리는 칼빈이 교회에 선사한 선물이다." [13]

하지만 종교개혁자들이 역사 속으로 사라지고 난 후 수 세기가 흐르는 동안 특히 프로테스탄트 복음주의 계열에서 성령의 사역에 대한 논의조차 없었다. 그러다 19세기 말에 또다시 불꽃이 일면서 성령의 사역에 대한 흥미가 되살아났다.

그런데 어째서 21세기에 들어서면서 우리는 성령의 중요성과 사역에 대한 안목을 다 잃어버린 것처럼 해야 한단 말인가?

아쉽지만 사실이다. 증거가 너무나 뚜렷하다. 심지어 성령의 사

일상생활에서 성령님과 친밀하게 교제하는 비결

역을 그토록 강조하며 탄생했던 은사주의와 오순절 교단에서조차
더는 그것을 그들만의 독특한 교리로 여기지 않는다.[14]

매 주일 전통적인 교회에서 수많은 그리스도인이 "사도신경"으
로 신앙고백을 습관적으로 반복한다. 이 틀에 잡힌 교리는 205자
로 구성되어 있다. 10개의 조항이 예수 그리스도의 인성과 사역에
관련되어 있고 성령에 대해서는 오직 7개 단어로 구성된 한 문장
만 나온다.

"성령을 믿사오며!"[15]

예배를 마친 후, 출입문에 설문 조사용 판을 들고 서서 방금 예
배를 마치고 나오는 사람들에게 성령에 대하여 무엇을 믿고 있느냐
고 알아본다면, 아마도 피상적인 대답만 잔뜩 듣게 될 것이다.

오스왈드 챔버스는 그의 경건 서적 "주님은 나의 최고봉"에서 대
다수의 그리스도인이 제대로 인식하지 못하는 것에 대하여 지적한
다. 그의 말이다.

"성령은 우리가 실제로 경험해야 하는 첫 번째 능력이지만, 나중
에 가서야 파악하게 되는 최후의 능력이 되어 버렸다."[16]

성령의 인격과 사역을 다룬 책을 쓴 로렌츠 분덜리히가 하나님
의 영을 절반만 알려진 하나님(The Half-Known God, 성령에 관한 그의
책 제목이기도 함)으로 언급한 것은 이상한 일이 아니다.

레이든 대학교의 G. J. 석스가 1957년 4월판 하버드 신학 논평
지에 기고한 글에서 성령의 교리를 "신학의 신데렐라 교리"로 언급
했다.[17]

작가이며 브루클린 타버너클 교회의 목사인 짐 심벌라는 이렇게 잘 적어 놓았다.

"성령은 지상에서 하나님의 일을 하시는 중요한 분이다. 그런데도 그분을 잘 모르며, 그분에 관한 설교를 얼마 하지 않고, 성삼위의 한 분으로 별로 거론하지 않는다. 슬프게도, 그분이 없기에, 우리의 영적인 생활은 항상 무미건조하게 기계적인 몸부림을 칠뿐이다." [18)

평소 성경 진리를 수호하는데 전력하는 목사님들도, 대부분 사역 초년기에 성령님의 위치를 잘 몰라 헤맸다는 셔우드 엘리엇 워트가 쓴 글에 솔직한 심정으로 공감할 것 같다.

수년 동안 나는 무심결에 성령님이라는 주제를 다루지 않았다. 그것은 잘못한 일이었다. 하지만 나 혼자만 그런 것이 아니었다. 이유야 어떻든 교회에서 하는 수많은 일에서 성령님의 역사하심을 늘 제대로 인식하지 못했고 알려 하지도 않았다.

비록 나는 그분을 성삼위의 한 위격으로 "성령님"이라고 호칭은 했으나, 막상 내 머릿속에서 그분은 여전히 결과나 영향을 끼칠 수 있는 "수단" 정도였다. 나는 그리스도인의 모든 삶에서 성령님이 차지하는 그 엄청나고 중요한 영역을 미처 알아채지 못했다.

이제 와서 생각하니 내가 범한 근본적인 잘못이 무엇인지 알았다. 그것은 바로 성령님을 복음 기차에 탑승한 승무원쯤으로 여긴 것이다. 그분은 그저 신학서적에 적혀있는 분이었다. 내가 그분을 언급한 경우에는, 그래야 설교가 빈틈없이 채워지고 심오하게 보일

일상생활에서 성령님과 친밀하게 교제하는 비결

것 같았기 때문이다. 나는 가끔 이런 터무니없는 생각을 한다. 만일 교회가 장기 결석자 명부를 작성한다면, 아마도 성령님이 그 첫 번째 명단에 오르지 않을까 싶다.[19]

왜 그 중요한 성령님의 사역을 잊고 있는 것일까?

1. 성령님의 사역은 그 자체만으로 다른 두드러진 기독교 교리에 처럼 조직적으로 체계화되지 않았기 때문이다.

성령에 관한 연구는 몇 가지 구체적인 범주를 정해 놓고 거기에 맞춰 체계적으로 분석하거나 조직하기보다는 성령님이 하시는 일과 그분이 누구신지 마치 전기를 읽는듯하고 그친다.

프린스턴의 찰스 핫지 교수는 세 권으로 구성한 조직신학(Systematic Theology)이란 책을 냈다. 권당 2,300쪽에 달하는 엄청나게 두꺼운 책이 세 권인데(함께 합쳐 놓으면 은행 대금고의 문을 괴어도 될 정도임), 성령님의 사역에 관한 내용은 달랑 12쪽에 불과하다.[20]

살면서 경험한 바에 따르면, 내가 신약에 등장하는 성령의 사역 가운데 성령세례(침례)와 성령충만에 관하여 박사학위 논문을 쓴 뒤에도 계속해서 성령님을 다룬 중요한 책들이 출간되었지만, 상당수 이런저런 극단에 치우친 입장이 많았다.

간혹 비교적 좌우 양측에서 별 무리 없이 받아들일 수 있는 책들도 나오지만, 도저히 신학적 견해나 설명으로 여기기에는 턱없이 부족한 것들이 수두룩하다. 많은 저자가 보편화할 수 없는 지극히 개인적인 "체험"에 초점을 맞춘다. 우리는 반드시 하나님의 말씀이 오늘날 우리의 삶에 관여하시는 성령님에 대하여 어떻게 말하는지에 주목해야 한다.

2. 성령님의 사역은 속죄에 비하여 덜 중요하다고 여기기 때문이다.

자동차의 바퀴를 빼놓고서 그 차량이 당신을 어딘가에 데려다 주리라 고대하거나, 밤새 도둑이 들어와 연료통에서 기름을 훔쳐 간 것도 모르고 아침에 운전석에 앉아서 왜 차가 시동이 걸리지 않는지 의아해하는 것과 같이 우리는 동력이 없으면 아무 데도 못 간다.

구원의 중심부에 우뚝 서 있는 십자가를 쳐다보게 하는 것은 바로 성령께서 하시는 일이다. 먼저 우리는 죄에 빠진 자신의 상태와 십자가에 못 박혀 죽으사 그 흘린 피로 우리 죄를 대속하신 그리스도의 품에 안겨야 한다는 것을 깨닫는다. 그다음 성령님이 우리 몸에 내주하여, 죄악을 이기고, 하나님의 목적과 뜻을 성취하는 능력을 주신다.

3. 사람들이 그것의 남용을 두려워하기 때문이다.

우리는 때로 이해하지 못하거나 개인적으로 경험해 보지 않은 일에 겁부터 낸다. 20세기 초에 일어났던 성령의 폭발적인 부흥의 역사는 유명한 신학교나 명문대학교에 다니는 지성인들에 의해서 촉발하지 않았다. 신학교나 대학원의 문턱도 밟아보지 못한 무학자들 사이에서 일어났다.

"나와 달리 정규 교육도 받지 못한 사람들이 하나님의 영이 하시는 일을 어떻게 알 수 있었을까?"

일부 사람들의 비판하는 소리이다. 교육수준이 높거나 지성적인 사람은 성령에 대한 흥미를 광신과 어리석은 행위, 또는 마귀에게 지핀 것이라고 여긴다. 동시에 말씀대로 해야 하는 성령 사역에 역행하여 그것을 남용하거나 소멸하는 때도 있다.

4. 사탄이 지속해서 성령의 사역을 혼란스럽게 하고 대적하기 때문이다.

하나님의 영께서 구원과 예배의 영역에서 제 자리를 차지하여, "나"를 강조하던 그곳에 우리 믿음의 주요 또 온전하게 하시는 분인 예수님을 강조하게 하면 무슨 일이 벌어지는지 너무도 잘 아는 사탄이 지속해서 성령의 사역을 혼란스럽게 하고 대적하기 때문이다.

A. W. 토저는 그의 책 "성령의 충만함을 받는 방법"(How to Be Filled with the Holy Spirit)에 이렇게 적었다.

"사탄은 현존하는 다른 교리와 마찬가지로 성령충만한 삶의 교리를 맹렬하게 적대시한다. 그놈은 거짓된 개념과 두려움으로 그것을 혼란하게 하고, 반대하며, 공략하려 든다. 사탄은 그리스도께서 피로 값 주고 사서 주신 유산과 하나님 아버지께 속한 것들을 교회가 얻기 위해 힘쓰지 못하도록 방해한다. 교회는 비통하게도 이런 자유하게 하는 어마어마한 진리, 곧 이제 성령의 기름부음으로 하나님의 자녀가 충만해지고 놀라며 온전한 만족을 누리게 되었다는 것을 모른다." [21]

하지만 전혀 예기치 못했던 장소에서, 별로 특이할 것도 없는 선도자들을 통해, 웨일스라는 작은 마을에 하나님의 영이 조용히 움직이기 시작하셨다.

십대들이 모인 기도회에서 최초로 영적 각성이 일어났다.

소수의 청소년이 기도를 마친 후, 한 십대 소녀가 일어나서 흐느껴 울면서 "예수님 사랑해요. 예수님 사랑해요!"라고 하였다. 연이어서 마치 전류가 흐르는 전선이 끊어진 것처럼 남녀 청소년들이 서로 다투며 자기의 죄를 고백하기 시작했고, 용서를 빌며 주님을 찾았다.

1904년부터 1905년까지 웨일스에서 일어났던 부흥을 입증해 줄 만한 인물이 있느냐고 한다면 에반 로버츠라는 키 크고 내성적인 청년을 꼽을 수 있다.

사적인 이야기이지만, 젊은 목사 시절에, 나는 로버츠의 친구였던 한 웨일스인과 친하게 지냈다. 그가 해준 설명에 따르면 당시 웨일스의 청소년들은 낮에는 탄광에서 일했고, 일이 끝나기가 무섭게, 그중 몇 사람이 광산 뒷산에 올라가 한자리에 모여서 기도했다

일상생활에서 성령님과 친밀하게 교제하는 비결

고 한다. 한 시간가량 기도한 다음, 마을로 내려갔다. 80대에 접어든 윌리엄 윌리스는 이렇게 말했다.

"에반 로버츠는 줄곧 다른 친구들보다 훨씬 더 높이 올라가 쉬지 않고 기도했다오."

웨일스의 영적 각성은 전례 없는 일이었고, 온 마을로 퍼졌다. 교회마다 인산인해를 이루었다. 광부들이 즐겨 찾던 선술집들은 영업이 안 돼 폐업해야 했다. 광산은 일대 대혼란에 빠졌다. 심지어 광부들은 자기가 부리는 노새를 막 대하는 일조차 하지 않았다. 노새들도 어안이 벙벙해졌을 것 같다.

그런 다음 그 "새로운 불길"이 대서양을 건너 미국까지 강타했다.

1900년에 찰스 파함이 캔자스 주 토피카에 성경 학교를 개교했다. 재학생 중 아그네스 오즈만이 은사 체험을 한다. 파함은 처음으로 성령 체험에 대해 설교한 목회자였지만, 아쉽게도 그의 사역은 와해되었다.

그런 후 1905년 텍사스 주 휴스턴에서 한 아프리카계 미국 여성이 윌리엄 세이무어라는 거의 문맹에 가까운 아프리카계 미국인 목사의 설교를 듣는다. 감명을 받은 그녀는 그에게 로스앤젤레스로 왔으면 좋겠다고 권한다. 그는 아주사 스트리트 미션(Azusa Street Mission)을 위해 시내로 왔으나, 그것은 제일침례교회에서도 아니고, 어떤 대형 예배당도 아니고, 작고 허름한 가게에 딸린 방에서 해야 하는 거리 선교회였다. 기도와 금식으로 몇 주간이 지나면서, 전혀 유례없던 성령의 부어주심이 나타났다.

많은 사람이 그것은 하나님이 말씀하신 예언이 성취된 것이라고 말했다.

"그 후에 내가 내 영을 만민에게 부어 주리니 너희 자녀들이 장래 일을 말할 것이며 너희 늙은이는 꿈을 꾸며 너희 젊은이는 이상을 볼 것이며 그 때에 내가 또 내 영을 남종과 여종에게 부어 줄 것이며"(욜 2:28~29). 수천 명의 사람이 모여들었다. 어떤 이는 소리를 지르는 이상한 현상과 은사를 체험했고, 어떤 이는 위로를 받았으며, 어떤 이는 삶을 변화시키는 성령님을 만나는 경험을 했다.[22]

이러한 뿌리에서 오순절 교회가 미국 전역에 걸쳐 우후죽순처럼 세워지기 시작했고, 서로 연합하거나, 따로 독립교회가 되기도 했다. 그와 동시에, 카리스마 은사 운동(헬라어의 카리스마에서 유래함)이 주류였던 전통 교회에 파고들기 시작하면서, 일부에서 분파가 생겨 이것을 차츰 받아들이기도 하고 반대하기도 했다.

왜 오늘날 성령의 사역을 이해해야 하는가?

1. 성령님의 사역은 항상 부흥과 영적 각성을 대동하기 때문이다.

기도에 역점을 두고 사역을 하던 나의 영적인 멘토(좋은 조언자) 아르민 게스웨인은 우리의 가이드라인스(선교회) 빌딩에서 함께 지

일상생활에서 성령님과 친밀하게 교제하는 비결

냈다. 그는 가끔 안내 담당자를 기막히게 "교묘히 피하여" 내 사무실에 들어오곤 했다. 심지어 내가 누군가와 진지한 대화를 나누기 위하여 사무실 문을 닫아 놓았을 때도 개의치 않고, 아르민은 문을 활짝 열고 들어와서는 손에 책이나 기삿거리를 들고 성큼성큼 경쾌하게 내 책상으로 다가와 "내가 당신 주려고 엄청나게 중요한 것을 사왔어!"라고 말한다. 그리고 어느 틈엔가 바람같이 사라져 버린다. 사람들이 "누구시냐?"고 묻는다. 그러면 나는 "주님 안에서 아버지이며 멘토"라고 설명한다.

아르민은 청년시절 뉴욕에 있는 나이액 성경학교(훗날 나이액 선교대학으로 불림)에 다닐 때, 생애 대부분을 중국에서 보낸 선교사 한 분이 어느 날 학교에서 하는 설교를 들었다.

"내 영으로"(By My Spirit)의 저자인 조나단 고포스는 70대 후반까지 건강하게 잘 지내다가 말년에 백내장으로 시력을 거의 다 잃었다. 고포스는 그의 인생 말년에 그 학교의 작은 예배당에서 설교하기 위해 방문했다. 아르민은 게스트 하우스에 가서 그 선교사 내외를 예배당까지 모셔오는 일을 자원했다. 고포스 여사가 남편의 한 쪽 팔을 붙잡고 아르민은 다른 쪽 팔을 부축하며 즐거운 마음으로 에스코트했다.

함께 걷다가 아르민이 말했다.

"고포스 박사님, 물어보고 싶은 것이 있어요. 현대의 교회에서 가장 부족한 것이 무엇이라고 생각하세요?"

고포스는 즉시 대답했다.

"사람들이 성령님을 몰라요. 성령님을 알아야 해요."

슬프게도 오늘날 대다수 그리스도인이 현실 사회에서 성령님의 속성과 사역과 목적에 전혀 관심을 갖지 않고 지낸다. 그렇다면 어떻게 고포스는 개인적으로 성령님의 부흥과 사역을 배웠을까?

다음은 고포스가 선교사로 섬기던 1908년에 중국을 뒤흔들었던 부흥에 대한 위키페디아의 해설이다.

"1908년 만주에서 일어난 부흥은 만주(중국 요령지역)의 교회들과 여러 선교본부에 속한 프로테스탄트 그리스도인의 삶이 영적으로 회복되는 시점이었다. 그 같은 전대미문의 부흥은 중국 내부는 물론 국제적으로 널리 알려졌다.

부흥은 캐나다 장로교 선교회에 소속한 조나단 고포스라는 캐나다인 장로교 선교사의 주도로 연일 진행되던 한나절 집회에서 일어났다. 고포스는 아내 로절린드(벨-스미스)와 함께 20세기 초 중국 최고의 선교사 부흥강사로 활약했으며 신앙 부흥 운동을 선교 사역의 주요 요소로 자리 잡게 한 인물이었다.

중국 부흥의 여파는 대양을 지나 미국의 여러 기독교 교단에 영향을 끼쳐 근본주의자와 근대주의자의 논쟁에 기름을 끼얹는 효과로 작용했다."[23)

보수적인 J. I. 패커는 그의 책 "성령과 함께 보조를 맞춰라"(Keep in Step with the Spirit)에서 어떤 선교사가 1908년에 중국에서 일어난 영적 대각성을 자랑스럽게 묘사한 것을 이렇게 인용한다.

일상생활에서 성령님과 친밀하게 교제하는 비결

"우리가 도저히 통제할 수 없는 한 능력이 교회에 임했다. 둔감하고 자기 의에 찬 중국인을 위한 기적이 일어났다. 관청에 끌려가 문초를 당하는 것만 죄로 여기던 그들이 자기 길을 버리고 죄를 자백했다. 한 중국인이 체면 불구하고 간절한 심정으로 울부짖으면, 동료 신자들도 그와 더불어 말로 형용할 수 없는 기도를 함께한다."
24)

이런 믿기지 않는 영적 각성에 대하여 고포스는 "나는 어째서 그런 일이 일어났는지 전혀 모른다"고 말했다. 고포스는 따로 무슨 방법이 있는 것도 아니었고, 어떻게 해야 부흥이 일어나는지도 모른다고 했다. 그는 덧붙이기를 "나는 그저 기도하자고 설교했을 뿐 다른 것은 없었다"고 했다.

20세기 부흥운동의 주도적인 권위자였던 복음주의 학자 J. 에드윈 오어는 "언제나 부흥에 앞서 기도와 죄의 고백이 있었다"고 주장했다. 중국의 부흥에도 그 두 가지가 있었다.

지금 이 시대야말로 "성령님을 알아야 한다"는 고포스의 충언에 주의를 기울여야 할 때이다. 세계 곳곳에 산재한 그 수많은 교회가 성령님의 사역에 완전 무지하며 그분을 천시한다. 오늘날 많은 교회가 교세 늘리는 데에 전력을 기울일 뿐, 정작 삶을 변화시키고 부흥을 일으키며 우리 문화와 사회에 영향을 끼치는 성령님의 자유롭게 하는 능력을 선포하는 데는 별반 관심이 없다.

존 에드만이란 친구 목사는 이렇게 말한다.

"여러 교회를 둘러보니...통상적으로 거의 모든 교회에서 이미 성령님을 완전히 배제한지 오래다. 교회는 저마다 조직이 잘 되어 있어서 속칭 「만반의 태세를 갖춰 놓은 기관」이지만, 대부분 기도하기 위해 모인다기보다는 노상 여러 프로그램과 기법을 적용하기에 바쁘다." [25)

2. 우리는 개인의 정결함을 위해 성령을 이해해야 한다.

이 책 뒷부분에서 우리는 성령님이 관여하셔서 예수님의 인격과 특성을 늘 기억하는 가운데 옛 성품을 끊고 성령으로 행하는 삶을 살펴볼 것이다. 성령께 삶의 주도권을 드리면 드릴수록 그분은 우리를 훨씬 더 많이 정화하고 정결하게 하신다. 그래서 비록 우리가 불완전하고 결함이 많을지라도 그리스도의 형상을 닮아가도록 구습에 얽매인 육신의 성품을 깨끗하게 씻어주시고, 주님의 말씀에 기꺼이 순종할 수 있도록 돕는다.

현대 교회를 평균적으로 대충 훑어만 보아도 1세기 교회가 단시간 내에 보여주었던 역동성과 중요성은 거의 없다. 물론 교회마다 다 같지는 않더라도 신실한 태도로 주님을 믿는 사람과 불신자와 다름없이 세상에 물든 사람은 실제로 차이가 난다. 하지만 오늘날 그 둘 사이의 간격을 알아차리기가 쉽지 않다.

예를 들어 결혼 실패율에 차이가 없다. 십대들의 문제에 있어서 두 부류 모두 손을 놓고 있기는 매 한 가지이다. 인간의 가치 인식이나 옳은 것과 틀린 것의 기준이 별반 다르지 않다.

3. 성령님의 인격과 사역을 이해하는 것은 성경을 아는 중요한 열쇠이기 때문이다.

성경이 기록된 배경을 보면, 성령께서 주관하여 때로 교육 수준이 아주 낮은 보통 이하의 사람들을 택하여 그들의 경력이나 지식을 훨씬 뛰어넘는 통찰력을 은사로 주셔서 수신자에게 미래를 알려주고 하나님의 관점에서 인생과 세계와 선과 악, 그리고 삶의 방법을 깨우치게 했던 일을 절대로 간과해서는 안 된다.

베드로는 이렇게 말한다.

"먼저 알 것은 성경의 모든 예언은 사사로이 풀 것이 아니니 예언은 언제든지 사람의 뜻으로 낸 것이 아니요 오직 성령의 감동하심을 받은 사람들이 하나님께 받아 말한 것임이라"(벧후 1:20~21).

중국이나 러시아 같이 기독교에 대하여 적의를 가진 나라에서조차 성경이 세계적인 인기도서로 주목을 받는 이유가 무엇일까? 온 세상에서 그 수많은 사람의 인생에 지속해서 영향을 끼치는 책은 성경 외에는 없기 때문이다.

내가 진행하는 라디오 프로그램인 「가이드라인스」의 청취자가 나에게 보낸 이런 편지를 예로 들 수 있다.

"성경을 읽다가 죄책감이 들어 그냥 책장에 꽂아 두고 먼지만 잔뜩 쌓이게 했어요. 무슨 생각으로 문득 성경을 꺼내 다시 읽게 되었는지 잘 모르겠네요. 기억을 되살려보니 이왕에 방향을 바꿔 예수님을 믿기로 한 이상 하나님이 나에게 하시는 말씀을 잘 알고 싶어 했던 것 같아요. 처음에는 지적인 목적으로 성경을 읽었어요. 하지만 그 날 방송을 듣는데 제 마음과 영혼으로 말씀이 이해되는 놀라운 일이 일어났어요. 그로부터 제 삶이 완전히 달라지기 시작 했답니다."

고린도인에게 보낸 서신에서 바울은 성경을 읽기 시작한 위와 같은 사람들에게 왜 그 의미가 생생하게 살아서 역사하는지 이유 를 설명한다. 그는 이렇게 기록한다.

"하나님이 자기를 사랑하는 자들을 위하여 예비하신 모든 것은 눈 으로 보지 못하고 귀로 듣지 못하고 사람의 마음으로 생각하지도 못 하였다 함과 같으니라 오직 하나님이 성령으로 이것을 우리에게 보이 셨으니 성령은 모든 것 곧 하나님의 깊은 것까지도 통달하시느니라"
(고전 2:9~10).

성령님은 여러 세기에 걸쳐 40여 명의 기자를 불러 말씀을 기 록하게 함으로 오늘날 성경이라 부르는 책을 주셨고, 또한 성경책 을 정직한 마음과 생각으로 읽는 사람들의 감았던 눈을 뜨게 하여 각자의 삶을 위한 하나님의 목적과 뜻을 알 수 있게 한다.[26]

4. 성령님은 영적인 능력의 핵심이므로 그분의 사역을 이해해야 한다.

누군가 "강단에 수증기가 자욱하면, 회중석에 안개가 낀다"라고 말한 적이 있다. 이는 허다한 사람이 더는 성경을 삶의 권위 있는 표준으로 여기지 않게 된 원인을 풍자한 말이다.

너무도 흔하게, 성경을 우리 문화의 시각에서 해석할 뿐, 더는 하나님의 말씀인 성경의 교훈으로 세속 사회에서 어떻게 믿음으로 살아야 하는지 연관하여 자세하게 일러주지 않는다. 어떤 목사들은 촉각을 곤두세우고 관심을 기울이는 것이 교회가 재정적으로 풍족해지는 것과 현대인들이 거부하지 않을 성경교훈들만 추려서 같은 값이면 다홍치마라고 교인 가운데 그 누구도 불쾌한 기분이 들지 않도록 하려는데 있기에, 개인적 심판의 메시지는 피하고 오직 사랑에 관한 설교만 하려든다.

예수님이 제자들에게 하신 마지막 말씀은 이것이다.

"오직 성령이 너희에게 임하시면 너희가 권능을 받고 예루살렘과 온 유대와 사마리아와 땅 끝까지 이르러 내 증인이 되리라 하시니라" (행 1:8).

마틴 로이드 존스는 증인과 옹호자는 크게 다르다는 점을 지적했다. 오늘날 많은 사람이 왕성하게 활동하는 것 같으나 대부분 소심하다. 그래서 영적 은사를 받아 그것을 활용하는 사람은 적고 대개 믿음을 옹호하는 정도이다. 누가 시키지 않아도 기꺼이 다른 사람과 믿음을 함께 나누는 사람은 정말 드물며, 적극적으로 나서서 신앙을 방어하는 자는 거의 없다.

5. 성령의 열매를 구성하는 여러 성분을 제대로 알려면
성령님의 사역을 이해해야 하기 때문이다(갈 5:22~23 참조).

바울은 갈라디아서에서 거듭나지 않은 사람(육에 속한 자)의 삶과 성령으로 행하며 사는 거듭난 신자의 삶을 대조한다. 성령께서 내 주하시면 "사랑, 희락(기쁨), 화평, 오래 참음, 자비(친절), 양선(착함), 충성(성실), 온유(우아함), 절제"가 깃든다. 이런 품성은 좋은 관계를 맺게 하고 밤에 편안하게 잠잘 수 있게 한다.

6. 성령님의 사역을 이해하고 있으면 혹 당신의 삶이
무너져 내릴 때 위로가 되기 때문이다.

성령의 내주하심은 마치 영적인 GPS(위성 위치 확인 시스템) 레이더처럼, 원수가 조정하는 영토에서 당신을 잘 인도하여 길을 잃지 않고 하늘 강가에 안착할 수 있도록 한다.

예수님은 그분과 동행하는 12사도에게 미리 앞서서 어둡고 힘든 고난의 날들이 있을 것을 명확하게 말씀하셨다. 주님은 자신이 십자가에 못 박혀 죽고, 다시 일어나사, 하늘에 있는 자기 집으로 돌아가야 한다고 하셨다. 그분이 하신 말씀이다.

"이것을 너희에게 이르는 것은 너희로 내 안에서 평안을 누리게 하려 함이라 세상에서는 너희가 환난을 당하나 담대하라 내가 세상을 이기었노라"(요 16:33).

예수님이 사용하신 "환난"이라고 번역한 단어는 스트레스나 반대를 의미하기도 한다. 따라서 그 말씀을 이런 식으로 우리 대다수를 위한 것으로 읽을 수 있다.

"그래, 나는 그 모든 것을 다 알고 있단다."

하늘로 돌아가기 전, 예수님은 제자들에게 그분의 임재를 약속하셨다. 주님이 하신 말씀을 강조하여 히브리서 13장 5절에 기록하기를 "내가 결코 너희를 버리지 아니하고 너희를 떠나지 아니하리라"라고 한다. 이것은 단지 부활하신 예수님이 남아있는 11명의 사도에게 하신 말씀을 확인한 것뿐이다.

"볼지어다 내가 세상 끝날까지 너희와 항상 함께 있으리라"(마 28:20).

이 말씀이 현실이 되고 틀림없다는 것을 간증할 수 있도록 조용히 결정하게 해주시는 이가 바로 성령님이다. 당신이 처한 환경이 어떠하든지 그것과 상관없이 성령께서 당신을 에워싸 주며, 당신과 동행하여 주는 이 확실한 간증은 이루 다 말로 표현할 수 없다.

중국내지선교회(China Inland Mission) 소속의 영국인 선교사 루돌프 보스할트를 중국 공산당이 체포하였다. 그는 동료 선교사 아놀리스 헤이먼과 함께 홍군에게 연행되어 그 악명 높은 "대장정"에 강제로 끌려 다녔다. 급기야 마을 주민 앞에 죄수로 서서 "코쟁이",

"매부리코", "서양귀신", "때려잡을 제국주의자"라는 소리를 들어야
했다.

그랬다. 옥고도 치렀다. 지리적으로 중국은 미국과 크기가 엇비
슷하다. 그리고 감금되어 있던 북쪽은 겨우내 눈이 내리고 추위 또
한 혹독하다.

갈수록 낮이 짧아지자, 두 사람은 성탄절까지는 석방되리라 기
대했다. 그러나 그런 일은 일어나지 않았다. 성탄절 새벽 어스름
에 그들은 추위와 외로움에 와들와들 떨었다. 수감자들 간에 대화
하는 것이 금지되었기에 루돌프와 아놀리스는 몸을 아래로 뻗어
서 바닥에 깔린 작은 지푸라기 토막으로 글자를 만들어 서로 소통
했다.

그때에 그들이 만들었던 글자 가운데 하나는 "임마누엘", 곧 "하
나님이 우리와 함께 하신다"였다. 훗날 석방되었을 때 그들이 했던
간증에 따르면, 그 좁은 감방에 예수님의 임재가 마치 홍수가 난
듯 가득하여 그들을 지켜주었다고 한다.

그것은 바로 하나님의 성령께서 주신 각성이며 역사하심이었다!

일상생활에서 성령님과 친밀하게 교제하는 비결

[주]

1. "63 John Bunyan Quotes," Christian Quotes, 접속일 2016년 6월 20일, http://www.christianquotes.info/quotes-by-author/john-bunyan-quotes/#participants-list-2

2. 도널드 페어베언, Life in the Trinity (Downers Grove, IL: InterVarsity Press, 2009).

3. 세상을 창조하신 삼위일체 하나님을 모세는 이렇게 표현한다. "태초에 하나님이 천지를 창조하시니라." 그리고 이어서 "하나님의 영은 수면 위에 운행하시니라"(창 1:1~2). 요한은 그의 복음서의 머리글에서 이렇게 말한다. "말씀은 곧 하나님[예수 그리스도]이시니라...만물이 그로 말미암아 지은 바 되었으니 지은 것이 하나도 그가 없이는 된 것이 없느니라"(요 1:1~3). 그러므로 성부, 성자, 성령 하나님이 계신다.

4. ESV Study Bible (Wheaton, IL: Crossway Bibles, 2008), 2520.

5. http://scriptoriumdaily.com/who-said-the-Trinity-try-to-understand-it-and-youll-lose-your-mind/

6. Harold Lindsell and Charles Woodbridge, A Handbook of Christian Truth (Westwood, NJ: Fleming H. Revell, 1953), 5455

7. 페어베언, 42.

8. 삼위일체와 관련한 이러한 설명은 우리 세대에 만들어진 것이 아니다. 페어베언은 이렇게 말한다. "유비를 사용하여 삼위일체를 설명하는 이런 서구 신학의 원조는 어거스틴의 삼위일체론(On Trinity)이다(히포의 어거스틴은 354~430년까지 살았다).

9. 페어베언, 49.

10. Derek Wilson, The People's Bible (Oxford, England: Lion Press, 2010), 114.

11. "What is the difference between the Holy Spirit and the Holy Ghost?", Got Questions.org, 접속일 2016년 6월 30일, http://www.gotquestions.org/Printer/Holy-Spirit-Ghost-Pf.html

12. 교부들의 논문 세 편은 2권으로 된 "인기 교부학 시리즈"(Popular Patristics Series)에 나온다.

13. Eifion Evans, Reformation and Revival, vol. 10, Number 4, Fall, 2001, 85.

14. 하나님의 성회에 속한 가스펠 출판사에서 발행한 해럴드 아놀드 주니어와 존 베이트의 최신간 "번지는 불길"(Spread the Fire)의 "축축한 나무"(Damp Wood)라는 제목의 장을 참조하라.

15. 최초의 "사도신경"은 주후 390년에 밀란 회의에서 보낸 편지에서 유래했다. 그 편지에는 4세기에 널리 수용했던 신조가 적혀 있었는데, 성령의 감동하심으로 12명의 사도가 신경의 한 문장씩 써서 완성했다는 풍문이 있다. (출처 : 위키페디아 검색어 "Apostles' Creed," June 5, 2016, https://en.wikipedia.org/wiki/Apostles%27_Creed) 그러나 "사도신경"이란 용어는 사도들이 널리 가르치던 교훈으로서 그리스도인의 신앙을 진술한 것으로 보는 것이 좋다.

16. David McCasland이 엮고 편집한 The Quotable Oswald Chambers (Grand Rapids, MI: Discovery House, 2008), 120.

17. 로렌츠 분덜리히가 인용한 G. J. Sirks, The Harvard Theological Review (April 1957), The Half-Known God, 20.

18. Jim Cymbala, Spirit Rising (Grand Rapids, MI: Zondervan, 2012), 17.

19. Sherwood Eliot Wirt, A Thirst for God (Minneapolis, MN: Worldwide Publications, 1989), 100- 101.

20. William Biederwolf, A Help to the Study of the Holy Spirit (Grand Rapids, MI: Zondervan, 1936), xiv.

21. A. W. Tozer, How to Be Filled With the Holy Spirit (Harrisburg, PA: Christian Publications), 18. (규장출판사 "이것이 성령님이다")

22. 이에 관한 전체 내용은 상게서 Spread the Fire를 참조하라

23. https://en.wikipedia.org/wiki/Manchurian_revival

24. J. I. Packer, Keep in Step with the Spirit (Grand Rapids, MI: Fleming H. Revell, 1984), 17.

25. John Redman 이 2016년 5월 31일에 쓴 개인 편지를 허락을 받아 기재함.

26. 저자의 책을 참조하라. "당신이 성경을 확신할 수 있는 이유"(Why You Can Have Confidence in the Bible, Harvest House)과/또는 "삶을 바꾸는 살아있는 책"(The Living Book That Changes Lives, OMF Literature, Manila).

제 2 장

성령을 말하다

"하나님이 모세를 위시하여 구약의 인물에게 말씀하실 때
만나서 얘기하셨다.
예수님을 만난 제자들은 하나님을 만난 것이듯
당신이 성령님을 만나는 것은
곧 하나님을 만나는 것이다."

헨리 블랙커비 [27]

성령님에 대하여 기탄없이 말하기 전에 우선 잘못된 상식부터 바로잡아야겠다. 흔히 성령께서 오순절 날에 세상에 강림하셨다고 여긴다. 그때 비로소 다락방에 있던 자들이 놀라운 모습으로 하나님의 영을 만나 성령으로 충만함을 받았다는 것이다.

구약성경에 성령님에 관한 언급이 88번 나온다.[28] 여러 지면을 할애하여 구약에서 성령님과 소통하던 많은 남자와 여자가 신약에서 성령님과 교통하던 자들과 어떻게 다른지 설명할 것이다. 그러나 눈에 보이지 않는 하나님의 손길이신 성령님을 추적하는 것은 성부 하나님과 성자 하나님의 행적을 살피기보다 훨씬 더 어렵다는 것을 나는 잘 알고 있다.

구약성경 본문에 하나님의 손길이 선명하게 나타난다

하나님의 손길은 모세가 간략하게 기록한 창조기사에서부터 나오기 시작한다.

"태초에 하나님이 천지를 창조하시니라"(창 1:1).

이러한 하나님의 손길은 아브라함을 불러 지금의 이스라엘 땅으로 가라고 하시는 등 그런 여러 가지 사건에서 여실히 나타난다. 하나님은 자기 백성을 애굽의 종살이에서 이끌어 젖과 꿀이 흐르는 땅으로 옮기신다. 그분은 엘리야와 엘리사 같은 선지자를 일으켜 자기 백성에게 회개를 촉구한다. 그분은 아기를 낳지 못하던 한나가 임신을 바라며 눈물로 드린 기도에 응답하셨고, 다윗이라는 목동에게 능력을 주어 거인 골리앗과 싸워 이기게 하셨고 마침내 그를 왕으로 삼으신다.

예수님은 33년간 사람들과 어울려 사셨다

처녀가 아이를 잉태하리라는 이사야의 예언이 성취되어, 약 700년 후에 마리아가 낳은 아기 예수가 나사렛에서 성장하여 대략 30세쯤에 공생애를 시작하신다.

그분은 아무도 하지 못한 일들을 행하셨다.

병자를 말로 하거나 손으로 만져 고쳤다. 금방 죽은 자와 널에 실려 나가는 자와 이미 장사지낸 자, 이렇게 세 사람을 죽음에서 다시 살리셨다. 그분은 무엇을 얘기할 때 "....하였다는 것을 너희가 들었으나 나는 너희에게 이르노니...!"라며 권세 있고 당당하게 말씀하셨다.

삼 년간의 공생애를 마친 그분은 로마 군병의 손에 십자가에 못 박혀 죽었고 아리마대 사람 요셉의 묘지에 장사지낸바 되었다. 그러나 사망은 그분을 삼킬 수 없었다. 사흘 만에 그분이 다시 살아 지축을 흔들며 의기양양하게 무덤 밖으로 나왔다. 십자가의 길을 가기 전에, 다락방에서 예수님은 제자들에게 이르기를 그들은 그분 안에, 그분은 그들 안에 있겠다고 했는데, 이는 이제 곧 그들에게 성령을 주어 능력과 생명으로 충만하게 하시겠다는 표현이다.

앞 장 도입 부분에서 나는 성령님은 하나님이시라고 언급했다. 따로 떨어져 홀로계신 하나님이 아니라 각각 다른 위격이시지만 삼위일체로 존재하는 하나님이시다. 성령이라고 했을 때, "성"이라는 용어는 그분의 속성을 가리키고, "영"이라는 말은 그분의 본질을 뜻한다.

성령님의 신적 속성

① 성령님은 전능하시다(그분이 하지 못하시는 일은 없다).
모세가 쓴 창조기사에 이렇게 적혀있다.
"하나님의 영은 수면 위에 운행하시니라"(창 1:2).
그런 다음 하나님이 창조 사역을 완성하셨다.

② 성령님은 편재하시다(그분은 모든 곳에 계신다).
간단히 말해서, 그분은 시간과 장소에 제한되지 않으신다. 다윗은 이것을 시로 읊었다.

"내가 주의 영을 떠나 어디로 가며 주의 앞에서 어디로 피하리이까 내가 하늘에 올라갈지라도 거기 계시며 스올에 내 자리를 펼지라도 거기 계시니이다 내가 새벽 날개를 치며 바다 끝에 가서 거주할지라도 거기서도 주의 손이 나를 인도하시며 주의 오른손이 나를 붙드시리이다"(시 139:7~10).

③ 성령님은 전지하시다(그분은 모든 것을 아신다).

로마인에게 쓴 서신에서 바울은 이를 이렇게 설명했다.

"마음을 살피시는 이가 성령의 생각을 아시나니 이는 성령이 하나님의 뜻대로 성도를 위하여 간구하심이니라"(롬 8:27).

이것은 무슨 뜻인가? 중간에서 당신을 위하여 탄원하는 변호사 곧 보혜사이신 하나님의 영이 계시다는 의미이다. 그야말로 그것은 나쁜 소식으로 가득한 세상에서 듣게 되는 좋은 소식이다.

④ 성령님은 영원하시다(그분은 시작도 끝도 없으시다).

히브리서 기자는 이 개념을 이렇게 풀이했다.

"염소와 황소의 피와 및 암송아지의 재를 부정한 자에게 뿌려 그 육체를 정결하게 하여 거룩하게 하거든 하물며 영원하신 성령으로 말미암아 흠 없는 자기를 하나님께 드린 그리스도의 피가 어찌 너희 양심을 죽은 행실에서 깨끗하게 하고 살아 계신 하나님을 섬기게 하지 못하겠느냐"(히 9:13~14).

⑤ 성령님은 기품이 높으시다.

이는 이런 그림이다.

당신의 딸이 대학을 가기 위해 집을 떠나 멀리 갔다. 유학 생활을 하는 딸이 성탄절을 맞아 집에 와서 당신에게 자기 맘에 쏙 드는 남자가 있다고 말한다.

당신의 첫 번째 반응은 어떨까? 십중팔구 당신은 "알았어, 그 사람 얘기 좀 해봐! 사람이 어때?"라고 물을 것이다. 딸이 답한다.

"사람이 기품이 있어요!"

당신이 질문한다.

"어떤 면에서?"

당신은 딸내미의 입에서 그 친구에 대해 쏟아놓을 이야기들-상냥하고, 다정하고, 친절하고, 사려 깊고, 기타 등등 -을 기대한다. 딸이 신바람이 나서 자기랑 다른 사람이랑 그가 어떻게 교감하며 지내는지 늘어놓는다.

당신은 또한 그의 집안 내력과 부친의 직업은 무엇인지, 아직 어린데 생활력은 있는지, 가족으로 받아들여도 되는지 등 궁금한 게 연달아 생긴다.

성령의 드높은 기품은 인간을 대하시는 그분의 모습에 잘 드러난다. 그분은 사랑하고, 위로하고, 탄식하고, 곁에서 도와주고, 자상하고, 물론, 진노도 하신다. 그분의 본질과 속성의 이런 모든 양상은 인간의 기질이나 행동과 유사하다.

⑥ 성령님은 아신다.

바울은 비유법을 사용하여 인간의 속을 우리 인간이 알듯이,

하나님의 마음을 하나님이신 성령이 아신다고 말한다(신적인 앎). 고린도인에게 보내는 서신에서 바울은 이렇게 말했다.

"사람의 일을 사람의 속에 있는 영 외에 누가 알리요 이와 같이 하나님의 일도 하나님의 영 외에는 아무도 알지 못하느니라 우리가 세상의 영을 받지 아니하고 오직 하나님으로부터 온 영을 받았으니 이는 우리로 하여금 하나님께서 우리에게 은혜로 주신 것들을 알게 하려 하심이라"(고전 2:11~12).

그야말로 좋은 소식이다! 바울의 말은 모든 그리스도인 안에 내주하는 하나님의 영께서 하나님이 자기 자녀를 위해 이루시는 그 큰일들을 우리가 이해하도록 돕는다는 뜻이다.

하나님께는 아무것도 감출 수 없으므로, 성령 하나님은 당신의 생각과 그 외 다른 사람들의 생각을 정확히 하신다. 그리고 때때로 하나님의 자녀에게 명철한 식견을 주어 일의 시종을 분명히 알게 하신다. 이것을 내다보신 예수님은 12사도에게 일어날 일을 이렇게 미리 말씀하셨다.

"사람들을 삼가라 그들이 너희를 공회에 넘겨주겠고 그들의 회당에서 채찍질하리라 또 너희가 나로 말미암아 총독들과 임금들 앞에 끌려가리니 이는 그들과 이방인들에게 증거가 되게 하려 하심이라 너희를 넘겨 줄 때에 어떻게 또는 무엇을 말할까 염려하지 말라 그 때에 너희에게 할 말을 주시리니"(마 10:17~20).

사안마다 다르지만, 성령님은 하나님의 자녀에게 다양한 방식으

일상생활에서 성령님과 친밀하게 교제하는 비결

로 인간의 파악력을 초월하는 예기치 못한 지식을 제공하신다. 성령님의 그런 역사를 오래전 중국에 갔을 때 나는 경험했다. 기업인과 전문가들이 모인 집회에서 "탈진과 그것을 피하는 방법"이란 주제로 강연해달라는 요청이 들어왔다. 대략 400명가량 수강료를 내고 듣는 강의였다(정부의 10개 부처에서 파견 나온 공직자들도 참여한 그 행사에 나는 단 한 푼의 사례도 요구하지 않았고 또한 받지 않았다). 행사는 순조롭게 진행되는 것 같았고 수강하는 태도도 좋아 보였다.

다음날 휴대폰이 울려서 받았더니, 발신자(자신의 신분을 밝히지 않았음)가 대뜸 "해럴드 샬라 박사님이신가요?"라고 묻기에, 그렇다고 했다. 그러자 내가 예기치 못했던 질문을 하는 것이었다.

"가진 게 상용 비자죠?"

숨도 쉬지 않고 그 즉시, "아니요. 여행자 비자예요"라며 이렇게 해명했다.

"내가 강사료를 받으러 왔다면, 당연히 상용 비자를 냈겠죠. 그런데 무보수로 재능기부를 하러 온 것이라 관광 비자로 입국했어요."

문제가 해결되었다!

나도 모르게 불쑥 튀어나온 말이었다. 이런 생각이 들었다.

'해럴드, 넌 그렇게 빠른 생각을 할 만큼 재치가 있지 않잖아! 그건 말이지 성령님이 잽싸게 튀어나오게 하신 거라고!'

오랜 세월에 걸쳐 상담사역을 해 오면서, 내담자와 대화하다 보면 가끔 전체 줄거리에서 뭔가 빠진 것 같은 느낌이 들 때가 있다. 그럴 때, 내 입에서 관련도 없는 질문 한마디가 불쑥 튀어나온다. 그러면 아무것도 덧붙이지 않은 이야기를 상대방이 술술 털어놓는다. 이런 일이 생길 때마다 나는 그것이 성령님이 하신 일이란 것을 안다.

⑦ 성령님은 감정을 느끼시기에 근심도 한다.

바울은 에베소인에게 이렇게 권고했다.

"하나님의 성령을 근심하게 하지 말라 그 안에서 너희가 구원의 날까지 인치심을 받았느니라"(엡 4:30).

성령님은 사랑도 하고 미워도 하신다. 그분은 성부와 성자께서 사랑하는 것을 사랑하며, 그분들이 미워하는 것을 미워한다. 로마인에게 쓴 편지에서 바울은 성령님의 사랑에 대하여 말했다. 그의 얘기이다.

"형제들아 내가 우리 주 예수 그리스도와 성령의 사랑으로 말미암아 너희를 권하노니 너희 기도에 나와 힘을 같이하여 나를 위하여 하나님께 빌어"(롬 15:30).

어떤 영국인 목사에게 하루는 교인 가운데 한 남자가 찾아와서 이런 말을 늘어놓았다.

"목사님, 예전에 비해 목사님이 너무 많이 변했어요. 한 때는 목사님이 설교하면 어찌나 큰 확신이 생기던지 한 말씀도 놓치지 않으려고 제 앞에 있는 장의자를 양손으로 꼭 붙잡고 말씀을 들었어

일상생활에서 성령님과 친밀하게 교제하는 비결

요. 그런데 요새 설교는 제게 확 와 닿지 않아요."

하지만 그것은 목사님이 달라진 것이 아니라, 성령님이 사랑으로 촉구하시는 것을 계속 거부한 결과 그 남자의 마음에 냉랭함과 완고함이 자리를 잡았기 때문이다.

수 세기 전 하나님은 인간이 성령님을 거절하는 데는 한계가 있다는 것을 수정같이 맑고 투명하게 보여주셨다. 거절의 결과 땅에 대홍수가 일어났다(창 6장 참조).

⑧ 성령님은 음성으로 들려주신다.

누가는 사도행전에 예배하러 예루살렘에 왔다가 고국으로 돌아가는 길에 하나님의 감동으로 기록한 성경을 읽는 어떤 에디오피아인 내시를 언급한다. 누가의 말이다.

"성령이 빌립더러 이르시되 이 수레로 가까이 나아가라 하시거늘 빌립이 달려가서 선지자 이사야의 글 읽는 것을 듣고 ...."(행 8:29~30).

베드로(행 10장)는 가이사랴에 있는 고넬료의 집에 가기 전에 한 충격적인 환상을 본다. 이방인들도 그리스도의 몸에 참여하게 되리라는 암시였다. 누가의 기록이다.

"베드로가 그 환상에 대하여 생각할 때에 성령께서 그에게 말씀하시되 두 사람(이방인)이 너를 찾으니 일어나 내려가 의심하지 말고 함께 가라 내가 그들을 보내었느니라 하시니"(행 10:19~20).

그런 다음 다시 사도행전 13장에서도, 성령께서 말씀하셨다고 누가가 증언한다. 성령께서 교회 지도자들에게 하나님이 시키는 일을 하도록 바나바와 사울(후에 바울로 알려짐)을 파송하라고 얘기하신다.

"주를 섬겨 금식할 때에 성령이 이르시되 바나바와 사울을 따로 세우라 하시니 이에 금식하며 기도하고 두 사람에게 안수하여 보내니라"((행 13:2~3).

그것이 귀에 들리는 음성이든지, 혹은 현장에 있는 사람들이 함께 느낄 수 있는 강력한 느낌이든지, 아니면 특이한 어떤 영적 은사가 활용되든지, 무슨 방식으로든 하나님의 영이 하시는 말씀은 녹음이 안 된다. "방식"은 중요하지 않다. 하지만 분명하게 들리는 것은 사실이다. 성령께서 자기 뜻을 계시할 때 음성으로 말씀하신다.

성령님은 예수님을 대리하여 오셨다.

잠시 후면 십자가에 못 박혀 죽어야 한다는 것을 아시는 예수님은 유월절을 맞아 어느 다락방에서 12명의 제자와 함께 모였다. 그 자리에서 주님은 제자들에게 어떤 일들이 기다리고 있는지 미리 알려 주신다. 또한 그런 일들이 닥치더라도 그들을 고아와 같이 버려두지 않겠다는 것도 얘기하신다. 주님이 하신 말씀이다.

"너희가 나를 사랑하면 나의 계명을 지키리라 내가 아버지께 구하겠으니 그가 또 다른 보혜사를 너희에게 주사 영원토록 너희와 함께 있게 하리니 그는 진리의 영이라 세상은 능히 그를 받지 못하나니 이는 그를 보지도 못하고 알지도 못함이라 그러나 너희는 그를 아나니 그는 너희와 함께 거하심이요 또 너희 속에 계시겠음이라 내가 너희

일상생활에서 성령님과 친밀하게 교제하는 비결

를 고아와 같이 버려두지 아니하고 너희에게로 오리라 조금 있으면 세상은 다시 나를 보지 못할 것이로되 너희는 나를 보리니 이는 내가 살아 있고 너희도 살아 있겠음이라 그 날에는 내가 아버지 안에, 너희가 내 안에, 내가 너희 안에 있는 것을 너희가 알리라"(요 14:15~20).

예수님은 제자들에게 이런 식으로 조금 있으면 일어날 십자가에서의 죽음과 다시 살아날 것을 예고하셨지만, 그분이 그러실 때마다 늘 그래왔듯이 그들은 실제 사건이 일어난 다음에 가서야 그 뜻을 알아차렸다. 어쨌든 예수님은 이 장면에서 성령님에 관한 두 가지 각기 다른 일을 말씀하셨다.

"그는 너희와 함께 거하심이요 또 너희 속에 계시겠음이라"(요 14:17).

이 약속이 오순절 날에 궁극적으로 성취된다.

이 세상에서 본래 성령님이 하시는 일과 역할은 예수님의 살아 계심과 역사하심을 반사하여 나타내는 것이다. 성부 하나님, 성자 그리스도, 성령님, 이렇게 셋으로 그 신적인 위격을 구분해서 표현하지만, 셋으로 절대 분리할 수 없는 한 분 "하나님"이시다!

성령님을 부르는 다양한 이름이 있다

성령님을 부르는 이름들

영원하신 성령(히 9:14)

진리의 영(요 14:17 / 15:26)

하나님의 영(창 1:2)

양자의 영(롬 8:15)

그리스도의 영(롬 8:9)

보혜사(요 14:16, 26)

주의 영(눅 4:18) [29]

성령님을 나타내는 여러 가지 상징도 있다

성령님을 표상하는 성경 속 다양한 상징을 얘기하기 전에, 상징이란 척 보면 그것이 무엇을 뜻하는지 알 수 있다는 점에 유의하자. 해골 밑에 넓적다리뼈를 엇갈리게 배치한 상징을 보면 전 세계 어디든 이것이 위험물이나 독극물 표시라는 것을 안다.

시계에 새긴 왕관 문양을 보자마자 그것이 롤렉스시계란 것을 안다. 미키 마우스 그림을 표시한 현판을 보면 그곳이 디즈니랜드란 것을 알고, 한입 베어 문 사과 문양을 보면 스티브 잡스의 애플사 제품을 연상한다.

① 하나님의 호흡 같으신 성령님

영을 히브리어로 "루아흐"라고 하며, 헬라어로는 "프뉴마"라고 한다. 둘 다 뜻은 "영혼"이나 "호흡"이다. 성령을 "하나님의 호흡"이라는 식으로 언급한 성경 구절은 대략 10개 정도 된다. [30] 이런 유의 표현이 제일 먼저 등장하는 구절은 창조기사의 일부인 창세기 2장 7절이다.

"여호와 하나님이 땅의 흙으로 사람을 지으시고 생기를 그 코에 불어넣으시니 사람이 생령이 되니라"

마지막 참조 구절은 요한계시록에 나온다. 살해당한 두 명의 증인에 관하여 요한이 이렇게 기록한다.

"삼 일 반 후에 하나님께로부터 생기가 그들 속에 들어가매 그들이 발로 일어서니 구경하는 자들이 크게 두려워하더라"(계 11:11).

또한 주목 해야 할 사실은 부활하신 후, 예수님이 제자들을 만나 하신 말씀이다.

"너희에게 평강이 있을지어다 아버지께서 나를 보내신 것 같이 나도 너희를 보내노라 이 말씀을 하시고 그들을 향하사 숨을 내쉬며 이르시되 성령을 받으라"(요 20:21~22).

이 책 뒷부분에서 이 중요한 말씀을 좀 더 자세하게 주해할 것이지만, 지금 반드시 미리 짚고 넘어가야 할 점은 이 구절에서 주님이 하신 말씀의 시제를 그 즉시 행동으로 옮긴다는 의미로 쓰이는 헬라어의 "부정과거 시제"로 적어 놨다는 것이다. 그러므로 예수님이 그들에게 숨을 내쉬며 성령을 받으라고 말씀하신 바로 그 순간에 그 일이 일어났다는 의미이다. 몇 주 뒤 오순절 날 성령을 받은 것이 아니다!

예수님은 어째서 단순히 "좋다, 성령을 줄 테니 옜다 받아라!"라고 하시지 않았을까? 그분이 제자들을 향하여 숨을 내쉬셨다는 것은 어찌 보면 그들에게 영적 생명을 주입했다는 뜻이기도 하다.

호흡은 곧 생명이다. 호흡이 멈추면 그 순간 목숨마저 즉시 끊어지기 때문이다.

우리의 첫 딸이 세상에 태어나던 1961년 8월 23일의 아침을 나는 평생 잊을 수 없다. 태아의 목에 탯줄이 감긴 상태라며 의사가 나에게 말했다.

"태아의 심장이 분당 200번 이상 뛰고 있어요. 지금 바로 아기를 꺼내야 합니다."

태에서 나온 딸아이의 몸은 혈액 순환이 잘 안 되어 시퍼렇게 변했고, 호흡조차 없었다. 그 당시의 의사들은 다 그랬듯이, 우리의 담당 의사도 아기의 양 발꿈치를 한 손으로 잘 잡고 들어 올려 아이의 몸을 손바닥으로 살살 찰싹거리며 두드렸다. 그래도 숨을 쉬거나 울지 않자, 나는 그저 소리쳐 울부짖고 싶었다.

그런 다음 의사는 가는 튜브를 아기의 입에 끼워 넣고, 조심스레 숨을 불어 넣기 시작했다. 그러자 내 딸 보니가 숨을 쉬기 시작했고 나의 눈에는 하나님에 대한 격한 감사의 눈물이 하염없이 흘러나왔다.

하나님의 성령께서 영적으로 죽은 자들에게 생명의 호흡을 불어 넣어주실 때, 비로소 그들이 살아나고 삶이 달라진다!

② 바람 같으신 성령님

니고데모라는 바리새인과의 대화에서 예수님은 이렇게 말씀하셨다.

"바람이 임의로 불매 네가 그 소리는 들어도 어디서 와서 어디로

가는지 알지 못하나니 성령으로 난 사람도 다 그러하니라"(요 3:8).

부는 바람을 눈으로 볼 수 없다는 점에 주목하라. 다만 현상을 보고 바람이 분다는 것을 알 뿐이다. 살랑거리는 바람에도, 나뭇잎이 나부끼고, 바람이 불면 시골길에 먼지가 날린다. 하나님의 영이 바로 그러하시다. 그런 식으로 성령님이 영적인 각성을 일으키시면, 사람들이 하나님을 찾고, 죄 씻음을 갈망하며, 악의 올무에서 벗어나려고 몸부림친다.

③비둘기 같으신 성령님

하나님이 세상을 대홍수로 멸망시킬 때, 노아의 내외와 그의 가족들은 건져주셨다. 홍수로 범람한 물이 줄어들기 시작하자, 노아는 까마귀(부정한 새)를 밖으로 보내봤지만, 방주만큼 안전한 곳이 없어 다시 돌아온다. 몇 날이 지난 후에 노아가 비둘기를 풀어주자, 비둘기가 감람나무 잎사귀를 입에 물고 돌아온다. 이는 홍수로 인한 물이 다 빠져 세상이 깨끗해졌다는 신호이다. 이렇듯 비둘기는 깨끗함의 상징이다.

가족들에게 먹일 페이스트리를 사려고 도넛 가게에 갔을 때 겪은 일이다. 문득 보니 내 앞에 줄 서 있는 젊은 여성이 비둘기 장식과 플레이보이 토끼 장식이 함께 매달린 목걸이를 하고 있었다. 그 두 가지 장식이 서로 어울리지 않는 것 같기에 물었다.

"목걸이에 비둘기 한 마리가 달려 있네요?"

괜스레 참견하는 소리 같았는지 "예"라며 딱 잘라 말한다. 하지만 한마디 더 물었다.

"다른 것은 플레이보이 토끼죠?"

그녀는 그렇다고 고개로 답했다.

젊은이도 아니고 머리가 허옇게 센 내가 못할 게 뭐 있나 싶어서 이어서 이렇게 물었다.

"덕담 한마디 해도 될까요?"

그녀가 이번에도 고개만 끄덕였다.

"비둘기는 없애지 말아요. 비둘기는 좋은 소식을 알려주니까요!"

알아들었다.

④기름으로 상징되시는 성령님

성령의 기름부음이란 상징은 성경시대에 다양한 목적과 이유로 사용한 기름의 용도에서 이해해야 된다. 성막에서 기름은 하루 24시간 일주일 7일 동안 등잔불을 밝히는 용도로 사용했다. 또한 기름으로 성막의 기구들을 거룩하게 하였고(출 40:9), 기름을 머리에 부어 하나님이 선택하신 사람을 왕으로 세웠다(사울 - 삼상 10:1 / 다윗 - 삼상 16:1).

게다가 기름은 정결의식에도 쓰였다. 레위기 14장의 교훈에 따르면, 악성 피부병에 걸렸다가 나은 사람은 여러 절차에 따라 정결의식을 해야 하는데, 그 과정에서 숫양의 희생제사와 기름을 예물로 드렸다.

예수께서 70인의 제자를 사역하러 보내면서 병자에게 기름을 발라 고치라고 하셨다. 초대교회 때, 야고보는 이런 행동을 그대로 채택하여 병자를 위해 기도할 때 기름을 바르라고 했다.

"너희 중에 병든 자가 있느냐 그는 교회의 장로들을 청할 것이요 그들은 주의 이름으로 기름을 바르며 그를 위하여 기도할지니라"(약 5:14).

성경에 세 번, 기름의 쓰임새가 연상되는 "즐거움의 기름"이라는 표현이 나온다(시 45:7 / 사 61:3 / 히 1:9).

⑤ 입는 옷 같으신 성령님

옷은 우리의 벗은 몸을 가린다. 옷은 종류에 따라서 보온도 되고 보호도 된다. 마찬가지로, 구약의 두 인물, 기드온과 아마새에게 하나님의 영이 마치 옷을 입는 것처럼 임하셨다. 사사기 6장 34절의 기록이다.

"여호와의 영이 기드온에게 임하시니(역자주 - 히브리어로, '라바쉬', 옷 입히다는 뜻) 기드온이 나팔을 불매 아비에셀이 그의 뒤를 따라 부름을 받으니라."

그리고 역대상 12장 18절 말씀이다.

"그 때에 성령이 삼십 명의 우두머리 아마새를 감싸시니(역자주 - 위와 똑같이 히브리어로 '라바쉬') 이르되 다윗이여 우리가 당신에게 속하겠고 이새의 아들이여 우리가 당신과 함께 있으리니 원하건대 평안하소서 당신도 평안하고 당신을 돕는 자에게도 평안이 있을지니 이는 당신의 하나님이 당신을 도우심이니이다 한지라."

⑥ 불로 상징되시는 성령님

불은 물질을 태워 물리적 변화를 가져온다는 점에 주목하라. 그리고 성경에서 불은 일률적으로 심판, 정화, 조명 등 성령님이 주관하시는 일에 등장한다.

구름 속에 들어있는 불기둥이 광야에서 40년간 방랑하던 이스라엘을 인도했다(출 40:34~38).

베드로는 장차 깨끗하게 불사르는 주의 날이 온다고 말한다.

"이제 하늘과 땅은 그 동일한 말씀으로 불사르기 위하여 보호하신 바 되어 경건하지 아니한 사람들의 심판과 멸망의 날까지 보존하여 두신 것이니라(벧후 3:7).

오순절 날에 성령께서 "마치 불의 혀처럼" 임하셨다(행 2:3).

히브리서 기자는 "우리 하나님은 소멸하는 불이심이라"며 그가 본대로 적어 놓았다(히 12:29).

⑦ 하나님의 자녀임을 증명하는 일종의 "보증"이나 증표 같으신 성령님 에베소서 1:13~14 말씀이다.

"그 안에서 너희도 진리의 말씀 곧 너희의 구원의 복음을 듣고 그 안에서 또한 믿어 약속의 성령으로 인치심을 받았으니 이는 우리 기업의 보증이 되사 그 얻으신 것을 속량하시고 그의 영광을 찬송하게 하려 하심이라."

이것은 하나님이 자기 자녀 각자에게 선물로 주신 성령님을 마치 파기하면 어떤 손해도 감수하겠다는 뜻에서 제공하는 "보증금"이나 "공증한 계약서"처럼 언급하는 세 개의 성경 구절 중 하나이다(고후 1:22 / 5:5 / 엡 1:14 참조).

오순절 날에 베드로는 성령(일종의 선물)을 받는 것은 약속이라며 이렇게 말했다.

"이 약속은 너희와 너희 자녀와 모든 먼 데 사람 곧 주 우리 하나님이 얼마든지 부르시는 자들에게 하신 것이라"(행 2:39).

베드로가 한 말에 담긴 뜻을 쉽게 풀어서 쓰면, 당신이 거듭나서 하나님의 자녀가 되는 순간, 성령님이 당신과 함께 살기 위해 몸에 들어오셔서, 당신을 하나님 자녀답게 다듬어주실 텐데, 이것은 하나님의 선물이란 것이다.

구약에 나타난 성령님의 사역

사람들이 성령의 사역을 생각할 때, 주로 신약을 떠올린다.

하지만 누가가 사도행전 2장에 기록한 성령강림 사건에 온통 관심을 집중하여 거기에만 달라붙어 이는 참으로 놀랍고 신기한 일이라며 이모저모 살핀다. 그런 다음 간헐적으로 바울이 에베소인에게 했던 술 취하지 말고 성령으로 충만함을 받으라는 권고에 관심을 갖는다.

신약에 성령에 관한 구절이 264개인데, 구약에는 88개나 된다. 이는 신약에 비해 3분의 1 수준이다. 하지만 신약과 구약에 차이가 있다.

구약에서 성령의 사역은 창조이며, 신약에서는 재창조이다.

성경을 펼치면 제일 첫 쪽에 "하나님의 영은 수면 위에 운행하시니라"(창 1:2)라는 구절이 눈에 띈다. 욥기 37장 10절에서는 "하나님의 입김[성령님]이 얼음을 얼게 하고 물의 너비를 줄어들게 하느니라"라고 한다. 시편기자는 땅의 피조물들의 생사가 하나님의 손에 달렸다고 단언한다.

"주께서 그들의 호흡을 거두신즉 그들은 죽어 먼지로 돌아가나이다 주의 영[성령님]을 보내어 그들을 창조하사 지면을 새롭게 하시나이다"(시 104:29~30).

신약에서 성령님이 하시는 사역은 중생한 남녀의 마음과 삶 속에 함께 거하면서 하나님이 바라는 일을 그들이 성취할 수 있도록 준비시켜 주는 일이다.

구약에서 성령님은 특정 개인에게 임해서 특별한 과업을 수행하게 하셨다.

■ 성막 건립

하나님께서 성막(희생 제물을 드렸던 예배장소)을 지으라고 명령하셨을 때의 일이다.

"여호와께서 모세에게 말씀하여 이르시되 내가 유다 지파 훌의 손자요 우리의 아들인 브살렐을 지명하여 부르고 하나님의 영을 그에게 충만하게 하여 지혜와 총명과 지식과 여러 가지 재주로 정교한 일을 연구하여 금과 은과 놋으로 만들게 하며 보석을 깎아 물리며 여러 가지 기술로 나무를 새겨 만들게 하리라"(출 31:1~5).

■ 사사들

가나안 정복 이후, 하나님은 그 땅의 통치자로 사사들을 세워 분쟁을 해결하거나 합법적 판결을 하라고 지시하셨다. 12명의 사사가 성경에 기록되어 있는데, 그중 최소한 네 명은 다른 사사와 달리 "여호와의 영이 그들에게 임했다."

- ●옷니엘 – 사사기 3:10
- ●기드온 – 사사기 6:34
- ●입다 – 사사기 11:29
- ●삼손 – 사사기 14:6, 19 / 15:14~15

■ 왕의 등극
- ●사울 – 사무엘상 10:1, 6, 9
- ●다윗 – 사무엘상 16:1, 13

사람이 성령님을 슬프게 하면, 그를 떠나셨다.

흔치 않은 경우지만, 우리는 이런 말씀을 대한다.

"여호와의 영이 삼손에게 강하게 임하니"

그가 손에 아무것도 없이 그 사자를 염소 새끼를 찢는 것 같이 찢었다(삿 14:6).

어떤 때에는, "여호와의 영이 삼손에게 갑자기 임하시매" 그의 팔위의 밧줄이 그의 결박되었던 손에서 떨어지고, 나귀의 턱뼈를 손에 잡고 천 명을 죽였다(삿 15:14~16). 그러나 그가 블레셋 여인 들릴라의 매력에 빠지자, 성령이 삼손을 떠난다. 들릴라가 크게 소리치며 "블레셋 사람이 당신에게 들이닥쳤느니라 하니 삼손이 잠을 깨며 이르기를 내가 전과 같이 나가서 몸을 떨치리라 하였으나 여호와께서 이미 자기를 떠나신 줄을 깨닫지 못하였더라"(삿 16:20)라고 한다.

사무엘이 이새의 아들 다윗을 차기 왕으로 기름을 부은 이후로, 다윗은 "여호와의 영"에게 크게 감동되었고, 사울에게서는 "여호와의 영"이 떠났다(삼상 16:13~14).

어느 날 다윗왕은 전쟁에 출정하지 않고, 예루살렘에 머물렀는데, 그때 밧세바의 미모에 빠진다. 하나님이 나단 선지자를 보내어 그를 책망하자 그는 참회의 눈물을 흘리며 회개하며 이렇게 말한다.

"나를 주 앞에서 쫓아내지 마시며 주의 성령을 내게서 거두지 마소서"(시 51:11).

신약에서 성령님은 사람들과 어떻게 다른 관계를 맺으시는가?

오순절 날에 베드로는 예루살렘에 있는 수많은 사람에게 이렇게 말했다.

"너희가 회개하여 각각 예수 그리스도의 이름으로 세례(침례)를 받고 죄 사함을 받으라 그리하면 성령의 선물을 받으리니 이 약속은 너희와 너희 자녀와 모든 먼 데 사람 곧 주 우리 하나님이 얼마든지 부르시는 자들에게 하신 것이라"(행 2:38~39).

로마인에게 보내는 서신에서 바울은 담대히 이렇게 말했다.

"누구든지 그리스도의 영이 없으면 그리스도의 사람이 아니라 또 그리스도께서 너희 안에 계시면 몸은 죄로 말미암아 죽은 것이나 영은 의로 말미암아 살아 있는 것이니라 예수를 죽은 자 가운데서 살리신 이의 영이 너희 안에 거하시면 그리스도 예수를 죽은 자 가운데서 살리신 이가 너희 안에 거하시는 그의 영으로 말미암아 너희 죽을 몸도 살리시리라"(롬 8:9~11).

고린도인에게 바울은 이렇게 질문했다.

"너희 몸은 너희가 하나님께로부터 받은바 너희 가운데 계신 성령의 전인 줄을 알지 못하느냐?"(고전 6:19).

바울은 또한 우리가 저지른 잘못을 용서하시는 하나님의 은혜는 우리가 제멋대로 살아도 된다는 자격증이 아니라고 분명하게 명시했다. 그는 이렇게 말했다.

"하나님의 성령을 근심하게 하지 말라 그 안에서 너희가 구원의 날까지 인치심을 받았느니라"(엡 4:30).

이 책 제6장에서 하나님이 바라시는 바, 우리가 성령 안에서 살며 행하도록 하시는 하나님의 능력을 집중해서 알아볼 것이다.

〔주〕

27. "15 Henry Blackaby Quotes," Christian Quotes, 접속일: 2016년 6월 20
    일, http:// www.christianquotes.info/quotes-by-author/henry-
    blackaby-quotes/

28. 일부 윌리엄 벌코프 같은 학자는 구약에 성령에 관한 관련 구절이 90회라
    고 주장한다. 그러나 그런 차이는 몇몇 현대판 성경번역본에서 다른 용어
    를 성령이라고 번역해서 생긴 것이다.

29. 24개 이상의 성경구절에서 "주님의 영"이란 용어를 사용한다.

30. 창세기 2:7 / 욥기 4:9 / 27:3 / 33:4 / 37:10 / 이사야 42:5 / 겔 37:5 /
    37:9 / 단 5:23 / 계 11:11

제 3 장

성령님이 믿는 자의 삶에서 하시는 일

"성령님을 믿는다는 고백은 살아계신 하나님이 임의로 얼마든지
그 개인의 인격에 들어와서 그를 변화시켜도 된다는 믿음이다."

존 오웬[31]

이번 장에서 다룰 "성령님이 하시는 일"이란 이런 것이다.

"마치 당신의 어머니가 당신을 낳아서, 품에 안아 키우고, 돌부리에 걸려 넘어지지 않도록 붙들어 주며, 상처받았을 때 눈물을 훔쳐 주고, 가르치고, 인도하고, 무한히 사랑하는 등 하늘같은 은혜를 베풀어 주는 것 같다."

성령께서 그렇게 하신다.

이번 장에서 하나님의 영이 믿는 자의 삶에서 무엇을 행하는지에 초점을 맞추려 한다.

마틴 루터가 쓴 소 교리문답서에 성령님이 하시는 일이 이렇게 묘사되어 있다.

"나는 나 자신의 이성이나 힘으로 나의 주 예수 그리스도를 신앙하거나, 그분께 나올 수 없다고 믿는다. 그러나 성령께서 나를 복음으로 부르사, 그분의 은택으로 나를 계몽하고, 진실한 믿음으로 나를 거룩하게 하며 보호하신다." [32]

1. 성령님을 통하여 하나님께서 당신에게 그분의 아들을 믿는 믿음을 주신다.

예수님은 제자들에게 자기가 온 것은 잃어버린 자를 찾아 구원하려 함이라고 하셨다(눅 19:10 참조). 안개가 자욱하게 몰려오는 바다에서 나침반이나 해도도 없이 항로를 이탈하였다면, 해류를 따라 표류할 수밖에 없으며, 상황이 끝나기까지 내내 두려움과 극심한 공황 상태에 시달려야 할 것이다.

하나님의 아들 예수께서 땅에 오신 이유는 우리가 자력으로 헤쳐 나올 수 없는 문제를 해결하기 위해서이다. 성경은 그것을 죄라고 하는데, 세 가지 뜻을 가진 이 단어는 모두 활쏘기와 연관되어 있다.

첫 번째는 과녁을 벗어났다는 뜻이고,

두 번째는 과녁에 못 미쳤다는 의미이고,

세 번째는 잘못된 방향을 향하여 화살을 쏘는 것을 말한다.

주전 7세기에 활동하던 이사야 선지자는 이런 뜻을 염두에 두고 이렇게 적었다.

"우리는 다 양 같아서 그릇 행하여 각기 제 길로 갔거늘 여호와께서는 우리 모두의 죄악을 그에게 담당시키셨도다"(사 53:6).

잠언 기자는 두 차례에 걸쳐 우리에게 이렇게 말한다.

"어떤 길은 사람이 보기에 바르나 필경은 사망의 길이니라"(잠 14:12 / 16:25).

일상생활에서 성령님과 친밀하게 교제하는 비결

성경의 기자들이 말하는 죄의 본질은 우리가 하나님을 등지고 돌아서 있는 것이며, 그런 이유로 하나님께서 우리를 건져내어 아버지와 사귐을 갖게 하려고 자기 아들을 보내셨다.

예수님이 십자가에 못 박혀 죽으신 죽음은 우리를 구원하기 위해 지급한 속전이다. 하나님은 우리를 얻기 위하여 자기 아들을 버리셨다. 그러므로 우리가 얻은 이 모든 영원한 혜택은 예수께서 받으셔야 마땅한 것이다!

한번은 교도소에 방문하여 만취 상태에서 총으로 자기 아내와 장모를 살해하고, 그 죗값으로 종신형을 사는 수감자를 만났다. 수용실 밖에 서서, 나는 그에게 하나님의 용서와 그리스도가 우리 죄를 대신 짊어지고 우리를 살리기 위해 죽음을 죽으셨다고 전했다.

내 말이 그에게 씨도 먹히지 않는 것 같았어도, 나는 말을 이어 나갔다.

"자, 내가 옷을 벗어서 당신과 바꿔 입었다고 해 보자고요. 그래서 내가 당신 대신 옥살이를 하고, 당신은 자유의 몸이 되어 풀려났다고 칩시다. 나는 여전히 당신이 있던 수용실에 갇혀있고요. 당신은 출소하고요. 가능할까요?"

내 말이 그에게 먹혀들었는지 곧바로 대꾸했다.

"바보도 그렇게는 안 해!"

"그런 일을 예수 그리스도가 우리를 위해서 했어요! 우리 대신에 십자가에 못 박혀 죽어서 우리를 살려주었다고요!" 내가 설명했다.

이런 일에 성령께서는 무슨 일을 하시는가?

성령님은 우리가 잃어버린 자이며, 구세주가 필요하고, 예수님이 예루살렘 영문 밖에서 로마 군인의 손에 의해 십자가에 못 박혔으며, 우리 대신에 죽었다는 사실을 확실히 믿게 하신다. 다락방에서 십자가 형극의 길을 가시기 직전에, 예수님은 제자들에게 이렇게 말씀하셨다.

"그[성령님]가 와서 죄에 대하여, 의에 대하여, 심판에 대하여 세상을 책망하시리라"(요 16:8).

성령께서 오순절 날에 오셨다. 이 사건은 뒤에서 좀 더 구체적으로 살펴볼 것이다.

예증을 들어도 되는가?

미국에서 소비하는 대부분의 석탄은 웨스트버지니아 주에서 채탄한다. 종종 탄갱을 지탱해 놓은 가로장이 무너져 광부의 목숨을 위태롭게 할 때가 있다. 탄갱 일부에서 가로장이 붕괴하여, 컴컴한 갱도 속에 갇힌 어떤 광부가 있었다.

갇힌 광부를 구출하기 위해 즉각 구조대가 갱도를 파헤치기 시작했다. 마침내 구조대원이 광부가 있는 비좁은 굴속에 구멍을 내었다. 대화가 가능해지자 광부가 말했다.

"염려하지 마세요. 두 다리가 잔해에 깔려 꼼짝하지 못하지만, 숨은 쉴 수 있어요. 어서 가서 나보다 더 심한 사람이나 찾아보세요."

구조대는 그의 요청을 받아들였고, 그중 한 사람이 말하기를

일상생활에서 성령님과 친밀하게 교제하는 비결

"좋아요. 구멍을 통해서 불빛을 비출 테니 최소한 어둡지는 않을 거예요"라고 했다. 그리고 그렇게 했다. 갇힌 광부는 불빛으로 사방이 밝아지자 자기가 처한 상황을 둘러보더니 크게 소리쳤다.

"오, 하나님. 당장 이곳에서 저를 꺼내주세요! 최악의 상태예요!"

그 사람은 단순히 자기의 실제 상황을 보았고 처음에 생각했던 것보다 훨씬 더 사태가 심각하다는 것을 알아차렸다.

그것이 바로 정확히 성령께서 하시는 일이다.

성령님은 우리의 실상을 있는 그대로 보게 하사, 하나님께 용서를 빌게 하여 우리를 하나님의 자녀가 되게 한다. 요한일서 1장 9~10절 말씀이다.

"만일 우리가 우리 죄를 자백하면 그는 미쁘시고 의로우사 우리 죄를 사하시며 우리를 모든 불의에서 깨끗하게 하실 것이요 만일 우리가 범죄하지 아니하였다 하면 하나님을 거짓말하는 이로 만드는 것이니 또한 그의 말씀이 우리 속에 있지 아니하니라."

바울은 고린도인에게 이렇게 썼다.

"내가 너희 중에서 예수 그리스도와 그가 십자가에 못 박히신 것 외에는 아무 것도 알지 아니하기로 작정하였음이라 내가 너희 가운데 거할 때에 약하고 두려워하고 심히 떨었노라 내 말과 내 전도함이 설득력 있는 지혜의 말로 하지 아니하고 다만 성령의 나타나심과 능력으로 하여 너희 믿음이 사람의 지혜에 있지 아니하고 다만 하나님의 능력에 있게 하려 하였노라"(고전 2:2~5).

J. I. 패커가 쓴 글이다.

"성령님이 이런 방식으로 증언하시므로 복음을 들을 때 사람들이 믿게 되는 것이다. 그러니 성령 없이는 지상에 그리스도인이 생길 수 없다." [33]

예수 그리스도를 믿는 자는 누구나 회심하는 순간에 성령의 선물을 받는다. [34]

이는 다름 아닌 성경의 가르침이다! 오순절 날에 베드로는 대규모로 모인 회중에게 말했다.

"너희가 회개하여 각각 예수 그리스도의 이름으로 세례(침례)를 받고 죄 사함을 받으라 그리하면 성령의 선물을 받으리니 이 약속은 너희와 너희 자녀와 모든 먼 데 사람 곧 주 우리 하나님이 얼마든지 부르시는 자들에게 하신 것이라"(행 2:38~39).

이후에 바울은 로마인에게 보내는 편지에서 성령께서 모든 하나님의 자녀의 육체에 거주하신다는 사실을 확언한다. 믿음으로 말미암아 의롭다하심을 받았다는 사실을 적시한 뒤, 바울은 이렇게 선포한다.

"우리에게 주신 성령으로 말미암아 하나님의 사랑이 우리 마음에 부은 바 됨이니"(롬 5:5).

그는 덧붙여 설명한다.

"만일 너희 속에 하나님의 영이 거하시면 너희가 육신에 있지 아니하고 영에 있나니 누구든지 그리스도의 영이 없으면 그리스도의 사람이 아니라 또 그리스도께서 너희 안에 계시면 몸은 죄로 말미암아 죽은 것이나 영은 의로 말미암아 살아 있는 것이니라 예수를 죽은 자 가운데서 살리신 이의 영이 너희 안에 거하시면 그리스도 예수를 죽은 자 가운데서 살리신 이가 너희 안에 거하시는 그의 영으로 말미암아 너희 죽을 몸도 살리시리라"(롬 8:9~11).

2. 회심의 순간에 성령님이 오셔서 당신의 육체 속에 내주한다.

당신이 죄를 고백하고 하나님의 용서를 구하면, 하나님의 성령의 역사로 당신은 새사람이 된다. 당신은 "중생"(거듭남)한다. 이 용어는 예수님이 니고데모와 대화하실 때 사용했다.

당신은 용서받았다! 하나님이 예수 그리스도의 의로 당신을 덮어주시면(칭의 또는 의의 전가), 당신은 새사람이 된다. 바울은 이것을 이렇게 설명한다.

"그런즉 누구든지 그리스도 안에 있으면 새로운 피조물이라 이전 것은 지나갔으니 보라 새 것이 되었도다"(고후 5:17).

당신은 "어? 아무 느낌이 없는데요!"라고 말할 수 있다. 하나님이 당신을 용서하사 자녀삼아 주셨다는 깨달음은 그야말로 천천히 생길 수 있다. 그러나 그것은 틀림없이 일어난 사건이다.

그리스도를 당신의 주님과 구주로 영접한 그 순간에 성령님이 임하여 흙먼지에 불과한 당신의 몸을 성전삼아 그 안에 내주하신다. 바울은 이런 식으로 그것을 설명한다.

"우리 구주 하나님의 자비와 사람 사랑하심이 나타날 때에 우리를 구원하시되 우리가 행한 바 의로운 행위로 말미암지 아니하고 오직 그의 긍휼하심을 따라 중생의 씻음과 성령의 새롭게 하심으로 하셨나니 우리 구주 예수 그리스도로 말미암아 우리에게 그 성령을 풍성히 부어 주사"(딛 3:4~6).

중동에 방문하면, 1세기에 신전들이 흔했다는 것을 쉽게 알 수 있다. 그리고 당연히 예수님 당시에 예루살렘에 성전이 있었고, 그 성전 이전에는 하나님이 모세를 만나셨던 성막이 있었다. 하지만 그리스도께서 오신 후로 하나님은 성령님을 흙으로 빚어 만든 우리의 육체 안에 거하게 하셨다.

고대 고린도 지역에는 두 개의 초대형 신전 ─ 아폴로 신전과 아프로디테 신전 ─ 이 있었다. 그러나 바울은 이렇게 기록한다.

"너희 몸은 너희가 하나님께로부터 받은바 너희 가운데 계신 성령의 전인 줄을 알지 못하느냐 너희는 너희 자신의 것이 아니라 값으로 산 것이 되었으니 그런즉 너희 몸으로 하나님께 영광을 돌리라"(고전 6:19~20).

고린도후서에서 바울은 이런 진리를 훨씬 더 상세히 강조하며 말한다.

"우리는 살아 계신 하나님의 성전이라 이와 같이 하나님께서 이르시되 내가 그들 가운데 거하며 두루 행하여 나는 그들의 하나님이 되고 그들은 나의 백성이 되리라"(고후 6:16).

3. 성령세례(침례)는 믿는 당신이 그리스도 몸의 일부가 되었다는 뜻이다.

"성령 안에서, 성령으로, 혹은 성령에 의해 받는 세례(침례)"라는 용어는 신약에 직접 나오지 않지만, 그 개념은 아주 중요하다. 성경에 "성령 안에서, 성령으로, 혹은 성령에 의해" 세례(침례)를 받는다는 식의 표현이 일곱 번 등장하는데, 처음 네 번은 세례(침례) 요한이 했던 말로서 사복음서에 각각 한 번씩 등장한다.

① 마태복음 3:11 - "나는 너희로 회개하게 하기 위하여 물로 세례(침례)를 베풀거니와 내 뒤에 오시는 이는 나보다 능력이 많으시니 나는 그의 신을 들기도 감당하지 못하겠노라 그는 성령과 불로 너희에게 세례(침례)를 베푸실 것이요."

② 마가복음 1:8 - "나는 너희에게 물로 세례(침례)를 베풀었거니와 그는 너희에게 성령으로 세례(침례)를 베푸시리라."

③ 누가복음 3:16 - "요한이 모든 사람에게 대답하여 이르되 나는 물로 너희에게 세례(침례)를 베풀거니와 나보다 능력이 많으신 이가 오시나니 나는 그의 신발 끈을 풀기도 감당하지 못하겠노라 그는 성령과 불로 너희에게 세례(침례)를 베푸실 것이요."

④ 요한복음 1:33 - "나도 그를 알지 못하였으나 나를 보내어 물로

세례(침례)를 베풀라 하신 그이가 나에게 말씀하시되 성령이 내려서 누구 위에든지 머무는 것을 보거든 그가 곧 성령으로 세례(침례)를 베푸는 이인 줄 알라 하셨기에."

마태와 누가, 이 둘은 세례(침례)에 불이라는 요소를 더했다.

성령 세례(침례)에 관련한 다음의 언급은 사도행전 2장에 나오는 오순절 날에 일어난 사건에 근거한 내용이다. 요한은 부활하신 날 예수께서 제자들이 모인 자리에 나타나셔서 "숨을 내쉬었던 사건"을 기록으로 남긴 유일한 사람이다.

2장에서 약간 다루었지만, 부활하신 예수님은 문을 잠가놓고 숨어있는 제자들을 만나신다. 아직 오순절이 되려면 많은 날을 더 기다려야 한다.

예수님은 양손과 옆구리를 제자들에게 보여 주신 후 이런 말씀을 하신다.

"너희에게 평강이 있을지어다 아버지께서 나를 보내신 것 같이 나도 너희를 보내노라 이 말씀을 하시고 그들을 향하사 숨을 내쉬며 이르시되 성령을 받으라"(요 20:21~22).

예수님이 그들을 향하여 숨을 내쉬었다!

이것의 정확한 의미를 놓고 의견을 같이하는 신학자가 거의 없다. 하지만 성경이 말하는 바를 액면 그대로 받아들여야 한다. 정확하게 말하자면 이런 말씀이다. 그분은 그 방 안에 있는 열한 사람을 향하여 숨을 내쉬었다!

일상생활에서 성령님과 친밀하게 교제하는 비결

"숨을 내쉬다"는 헬라어로 에네퓌세센($\varepsilon\nu\varepsilon\varphi\dot{v}\sigma\eta\sigma\varepsilon\nu$)인데, 창세기 2장 7절에서 하나님이 아담에게 생기를 불어 넣으시는 대목에서 똑같은 단어가 셉투아진트(Septuagint, 70인역이라고도 하며, BC 250년경 이집트에서 구약을 헬라어로 번역한 성경)에도 나오지만, 이는 신약에서는 단 한 번만 등장한다.

예수님의 그러한 행동은 하나님이 인간을 창조할 때 하셨던 행동을 연상시키기는 하지만, 정작 이는 성자께서 제자들에게 성령을 주실 때 취하셨던 행위이다.

헬라어는 영어보다 훨씬 더 의미심장하게 행동을 잘 묘사한다. 예수님은 부정과거 시제를 사용하셨다. 이것의 의미는 "지금 당장!"이다. 내가 당신에게 공을 던진다고 했을 때, 공이 내 손을 떠나는 순간 내가 "잡아!"라고 외치면, 그것은 미래의 어느 순간이 아니라, 지금 당장 잡으라는 의미이다. 헬라어 학자 H. E. 다나와 줄리우스 맨타이는 부정과거형의 명령어는 "즉석에서 하는 행동" – 즉각적인 행동이나 바로 하는 행동– 을 강조할 때 쓰는 표현이라고 지적한다.[35]

예수님이 취하신 행동의 결과는 무엇인가?

그 자리에 있었던 열한 명은 모두 오순절 날에 인생이 바뀌었다. 오늘날 회심하는 순간 성령을 받은 수많은 그리스도인이 여전히 무능력한 상태로 신앙생활을 하는 것처럼, 그 열한 사람도 성령과 그분의 능력으로 충만해질 날을 여전히 기다려야 했다. 우리도 성령충만을 받아야 중요한 다음 단계로 넘어갈 수 있다.

예수님과 성령 세례(=침례)

드디어 동틀 무렵 에덴동산 시대에서 발원하여 퍼지기 시작한 남성과 여성이 하나둘씩 모여들었다. 동녘 하늘에 새벽 어스름을 뚫고 태양이 서서히 솟아오르자 어둠이 물러가며 훤하게 성전을 비추는 아침 햇살에 눈이 부시다. 오늘날 관광객들이 줄을 잇는 예루살렘 베드로 통곡교회로 난 그 옛 로마의 도로를 따라 예수님과 열두 제자가 천천히 걸어가는 전례에 없던 일이 벌어진다.

평소 자주 하시던 대로 예수님은 함께 걷는 제자들에게 말씀을 건넨다. 우선 절대로 예루살렘을 떠나서는 안 된다는 당부였다.

"내게서 들은 바 아버지께서 약속하신 것을 기다리라 요한은 물로 세례(침례)를 베풀었으나 너희는 몇 날이 못 되어 성령으로 세례(침례)를 받으리라"(행 1:4~5).

그런 다음 감람원이라 하는 산의 정상에 다다르자 주께서 "그들이 보는데 올려져 가시니 구름이 그를 가리어 보이지 않게" 되었다(행 1:9).

이방인들도 성령을 받자, 예루살렘에 있는 유대인 신자 가운데 몇몇 사람이 크게 당황하여 어떻게 사마리아인들이 성령을 받을 수 있었던 것인지 베드로에게 듣고 싶어 했다(사도행전 2, 8, 10, 19장에 대한 논의가 이번 장에서 이어진다). 베드로는 그 일어난 일에 대하여 예수님의 말씀을 인용하며 정확히 설명했다.

"내가 주의 말씀에 요한은 물로 세례(침례)를 베풀었으나 너희는 성령으로 세례(침례)를 받으리라 하신 것이 생각났노라"(행 11:16).

성령으로 세례(침례)를 받는 것에 관한 신약의 마지막 언급은 바울이 기록한 고린도전서에 나온다.

"우리가 유대인이나 헬라인이나 종이나 자유인이나 다 한 성령으로 세례(침례)를 받아 한 몸이 되었고 또 다 한 성령을 마시게 하셨느니라"(고전 12:13).

바울의 요점은 우리가 누군지 – 유대인이나 헬라인 – 우리가 무엇을 하는지 – 종이나 자유인 – 그런 것에 상관없이 예수 그리스도 안에서 우리는 하나라는 것이다. "다"라는 말은 전체를 모두 포함한다! 예수 그리스도를 주님과 구주로 영접한 사람이라면 한 사람도 예외가 없다.

그리스도의 몸을 온전히 세우는 데에 성령님이 얼마나 중요하신지 자세히 나누기에 앞서, 예수 그리스도를 주와 구주로 삼은 우리는 누군가와 만나야 하고, 지체 없이 상대방도 십자가의 길을 함께 따라가는 자란 것을 알아, 사랑의 띠로 얼른 하나가 되어 서로 연대감을 느껴야 한다는 점을 일깨워드리고 싶다.

결혼한 지 6개월밖에 안 된 풋내기 시절 유럽에서 사역할 기회가 있었는데, 그때 나는 초청을 받아 1,200명가량 모인 파리에 있는 한 교회에서 설교했다. 통역자보다 교회에 먼저 도착한 아내 달린과 나는 목사님의 사무실로 안내를 받아 들어갔다.

목사님은 불어로 인사를 했고, 나는 영어로 답했다. 또다시 목사님이 나에게 불어로 뭐라고 말을 건네는데 나는 도무지 알아들을 수 없었다. 그는 영어를 할 줄 몰랐고, 나 또한 불어를 아예 못해 대화가 안 되었다. 몸짓으로 앉으라고 해서 앉았다.

그를 쳐다보며 내가 멋지게 불어로 한마디 했다.

"할렐루야."

그도 최고의 영어로 한마디 응대했다.

"할렐루야."

서먹하게 얼었던 분위기가 깨졌다. 우리는 형제였다!

"할렐루야"라는 말은 영어나 불어나 모두 같다. 그것은 히브리어로 "하나님을 찬양하라!"는 의미이다.

우리가 우연이든 필연이든 전 세계 어디에서 누구를 만나든 그가 믿는 자라면 서로 영적인 띠로 묶인 동지이다. 우리는 세례(침례)를 받아 한 몸-교회-이 되었다.

교회가 권능을 받고 세상을 변화시킨 사건 – 오순절

예수님의 지시는 매우 분명하다.

"예루살렘으로 다시 돌아가라."

그리고 "아버지께서 약속하신 것을 기다리라" - 그뿐이었다. 예수님이 제자들에게 하신 지시는 인간의 논리를 깨는 행동으로 보인다. 지금 세상은 제자들이 살던 1세기와 매우 다르지만, 바뀌지 않은 것들도 있다. 우리는 "기다림"을 시간 낭비로 여긴다. 인간의 논리라면 이렇다.

"무엇이든 하라! 빈둥거리고 앉아서 하나님을 기다리면 아무것도 이룰 수 없으니 뭐든 하라!"

아니다! 완전히 틀렸다!

그 여러 날 동안 하나님을 기다리면서 제자들은 뭘 했는가?

그들은 기도했다.

그들은 예수님이 하셨던 말씀을 회상했다.

(들을 때는 이해가 잘 안 되었던 주님의 말씀도 하나씩 곱씹어보면서 기다렸다.)

그들은 좀 더 많은 이야기를 계속해서 나누었다.

그들은 예수님이 가르치시던 성전도 가보았다.

그들은 자신의 심령을 돌아보며 기도했다.

그들은 맛디아를 선출하여 가룟 유다로 인해 공백으로 남은 12사도의 자리를 메꿨다.

누가는 한곳에 모였던 자들의 삶에 찾아온 변화와 교회가 탄생하게 된 사건을 자세하게 기록해 놓았다.

"오순절 날이 이미 이르매...홀연히 하늘로부터 급하고 강한 바람

같은 소리가 있어 그들이 앉은 온 집에 가득하며 마치 불의 혀처럼 갈라지는 것들이 그들에게 보여 각 사람 위에 하나씩 임하여 있더니 그들이 다 성령의 충만함을 받고 성령이 말하게 하심을 따라 다른 언어들로 말하기를 시작하니라"(행 2:1~4).

오순절은 무슨 날인가?

첫째, "오순절"이란 명칭은 헬라어로 '펜테코스테'(πεντηκοστη)라고 하는데 이는 '50'이라는 의미이다. 유대교 전통에 따르면, 오순절은 출애굽 한지 49일째 되는 날에 시내산에서 하나님이 십계명을 주신 것을 기념하는 날이다. 그날은 매우 중요한 명절로서 "천하의 모든 나라"에서부터 유대인들이 예루살렘으로 이동하는 날이라고 누가가 설명한다.

그때 불쑥 홀연히 급하고 강한 바람 같은 소리가 들리는 범상치 않은 이상한 일이 벌어진다. 사람들이 모인 집에 그것이 가득했다. 그리고 "그들이 다 성령의 충만함을 받고 성령이 말하게 하심을 따라 다른 언어들로 말하기를 시작"했다(행 2:4).

그들은 성령님을 만나 인생이 달라졌다. 성령님은 그 사람들을 영원히 뒤바꿔놓았다. 평범했던 사람이 하나님을 위한 선동가로, 까칠하게 비판만 하던 사람이 기꺼이 헌신하는 자로, 그리스도를 저주하던 자가 박해와 죽임을 당하는 자로 변했다. 인류의 역사를 통틀어서 그 어떤 집단도 만남을 통해 삶이 그토록 완전하게 뒤바뀌었던 적은 없다.

가능하다면 잘 유념해 두기 바란다.

예수님은 열두 사도에게 "성령으로 세례(침례)를 받으리라"고 하셨고, 누가는 그 사건을 기록하면서 "그들이 다 성령의 충만함을 받았다"고 말했다. 두 가지 모두 같은 사건을 정확하게 묘사한 것이다. 이에 관하여 좀 더 자세하게 살펴보려 한다.

모든 가능성을 열어놓고 생각해 보자.

제자들은 다락방에서 나와 성전으로 갔다(그들은 10일 동안 대부분의 시간을 다락방에서 기다리며 보냈다). 이는 경건한 유대인이라면 누구나 오순절을 지키기 위해 성전에 모여야 했기 때문이다. 제자들을 위시해서 함께 있던 자들이 한 번도 배운 적이 없는 다른 언어로 말하기 시작하자, 모든 이가 깜짝 놀랐다. 자세히 설명하자면 이렇다.

"우리가 우리 각 사람이 난 곳 방언으로 듣게 되는 것이 어찌 됨이냐 우리는 바대인과 메대인과 엘람인과 또 메소보다미아, 유대와 갑바도기아, 본도와 아시아, 브루기아와 밤빌리아, 애굽과 및 구레네에 가까운 리비야 여러 지방에 사는 사람들과 로마로부터 온 나그네 곧 유대인과 유대교에 들어온 사람들과 그레데인과 아라비아인들이라 우리가 다 우리의 각 언어로 하나님의 큰 일을 말함을 듣는도다"(행 2:8~11).

그들의 입에서 나오는 말은 뜻 모를 소리가 아니라 각 사람이 난 곳 방언으로 듣게 되는 분명한 언어였다. 누가는 헬라어로 '이디오스(idios)'라는 단어를 사용했는데, 이는 "모국어"라는 뜻이다. 따라서 예루살렘을 방문한 자들의 귀에 그 말이 모국어로 들렸다는 의미이다.

이것을 목도했던 자들의 반응은 어떠했는가?

일부는 하나님의 초자연적인 능력을 보고 오히려 조롱하며 말했다.

"그들이 새 술에 취하였다."

그러자 가야바의 집 바깥뜰에서 예수님을 모른다고 부인하던 베드로가 이 수많은 군중 앞에서 그 일을 해명하였다. 때가 오전 9시경이니 이 사람들이 술에 취한 것이 아니라고 말한다. 대신에 오늘 일어난 일은 마지막 날에 일어날 일에 대한 요엘의 예언이 성취된 것이라고 얘기한다(행 2:14~41 참조). 그날 하루에 베드로의 설교를 들은 3,000명이 회개하고 세례(침례)를 받았고, 교회가 탄생했다!

문을 걸어 잠그고 숨어있던 제자들을 예수님이 만나서 그들에게 숨을 내쉬며 성령을 받으라고 명하시는 순간에 그들은 성령을 받았다. 이는 오늘날 우리가 회심하는 순간 성령을 받는 것과 마찬가지이다. 그런데 그들이 오순절 날에 성령으로 세례(침례)를 받는 일이 발생했다. 그날 그들은 성령님을 몸으로 만나 인생이 달라졌다. 겁 많고, 주저하며, 두려워하던 남자와 여자가 굳세고 용감한 십자가의 군병이 되어 그리스도를 전파하는 자로 바뀌었다.

얼마 뒤, 스데반이라는 청년이, 누가의 말에 따르면, "은혜와 권능이 충만하여 큰 기사와 표적을 민간에 행"하였다(행 6:8). 사람들이 그를 잡아서 공회에 데려다가 거짓 증인들을 세운다. 스데반은 그가 전파한 예수 그리스도의 메시지를 반대하는 유대인들의 강한 저항에 부딪힌 것이다. 누가의 말이다.

"공회 중에 앉은 사람들이 다 스데반을 주목하여 보니 그 얼굴이 천사의 얼굴과 같더라"(행 6:15).

그럼에도 불구하고 스데반에게 책망을 들었던 저들은 이를 갈며 그를 끌어다가 성 밖으로 내치고 돌로 쳐서 죽였다. 그의 영혼이 몸에서 빠져나가는 순간에도 스데반은 크게 불러 외쳤다.

"주 예수여 내 영혼을 받으시옵소서."

그리고 이 말을 하고 잠들었다

"주여 이 죄를 그들에게 돌리지 마옵소서"(행 7:60).

사마리아인의 오순절 사건

사울(이후 바울로 불림)이 교회를 핍박하여, 예수 그리스도를 믿는 남녀를 잡아다 옥에 가둘 때, 빌립은 사마리아 성에 내려가 그리스도를 백성에게 전파했다. 하나님이 그의 사역에 역사하사 많은 사람에게 붙었던 더러운 귀신들이 나갔고, 못 걷는 사람들이 나으니 그 성에 큰 기쁨이 있었다.

여기서 잠깐 멈추고 빌립이 갔던 지역과 그곳에서 발생했던 일이 얼마나 중요한지 말해야겠다.

사마리아는 분열왕국 시대에 그 나라가 멸망하던 BC 722년까지 북 왕국 이스라엘의 수도였다. 남 왕국 유다는 지리적으로 이스라엘의 남부에 있었는데, 그곳의 수도는 예루살렘이었다. 비록 사마리아인들도 모세 오경을 수용했지만, 우리가 구약으로 여기는 나머지 책들은 근본적으로 거부했다.

게다가 사마리아인들은 이방인과 혼인을 하였기에 남쪽의 유대인들은 그들을 "혼혈"로 여기며 천대했다. 그러므로 빌립이 사마리아로 가서 예수 그리스도를 전했다는 것은 일반인의 시선에서 사회통념을 깨는 일이었다. 대다수 유대인은 사마리아인을 멸시했지만, 그럼에도 불구하고, 빌립의 사역은 사마리아에서 호응을 얻었다. 그래서 그들은 예수 그리스도에 관하여 전도함을 믿고 하나님의 말씀을 받아들여 물로 세례(침례)를 받았다.

"예루살렘에 있는 사도들이 사마리아도 하나님의 말씀을 받았다 함을 듣고 베드로와 요한을 보내매 그들이 내려가서 그들을 위하여 성령 받기를 기도하니 이는 아직 한 사람에게도 성령 내리신 일이 없고 오직 주 예수의 이름으로 세례(침례)만 받을 뿐이더라 이에 두 사도가 그들에게 안수하매 성령을 받는지라"(행 8:14~17).

왜 베드로와 요한이 사마리아에 가서 사람들에게 안수하자 성령을 받았던 것인가?

하나님은 교회의 지도력을 보존하고, 믿는 자들의 몸의 연합을 유지하신 것이다. 사마리아인들이 방언의 은사를 받았다거나 그들이 알지 못하는 언어로 기도했다는 언급은 없다. 하지만 나 자신은 유대인 대부분이 움켜쥐고 있는 문화적 편견이(심지어 예수님의 제자들조차 붙잡고 있을 여지가 있는), 그들에게 성령이 임하는 체험이 없었다면, 그대로 남아 있었으리라 확신한다. 그랬다면 사마리아인을 예수 그리스도 안에서 한 형제요 자매된 자로서, 하나님의 나라를 함께 유업으로 받을 그리스도의 몸의 지체로 용납하지 않았을 것이다.[36]

약간 부차적인 얘기지만 사마리아에 방언의 은사가 나타나지 않은 이유를 생각해 보자. 사마리아에 시몬이라 하는 마술사가 살았는데 자칭 "큰 자"라며 하나님의 능력을 보유했다고 떠벌렸다. 엄청난 기적이 일어나자 그는 감명을 받았다. 자기가 하는 마술과는 비교가 안 되는 일이 눈앞에서 일어났다. 베드로와 요한이 사람들에게 안수하자 성령을 받는 모습을 보고서, 그는 돈을 주고 이런 능력을 얻으려 했다. 이는 다른 마술사의 "비술"을 얻으려고 마술사들 사이에서 흔히 주고받는 거래였다. 방언을 말하거나 예언하는 일이 나타났다면 시몬은 그것을 얻으려고 더욱 광분했을 것이다. 그러나 하나님은 유대인과 사마리아인이 분립하는 것을 원하지 않았기에 베드로와 요한을 보내어 사마리아를 돌아보게 했고, 교회가 연합하도록 했다.

이방인의 오순절 사건

아직 유아기 상태에서 오직 아브라함의 후손만 하나님의 은혜와 관심을 받을 수 있다고 여기는 유대인이 대부분의 구성원이었던 그리스도의 몸에 이번에는 이방인 신자까지 참여하게 되었다니 큰 충격이 아닐 수 없었다. 누가의 진술이다.

"가이사랴에 고넬료라 하는 사람이 있으니 이달리야 부대라 하는 군대의 백부장이라 그가 경건하여 온 집안과 더불어 하나님을 경외하며 백성을 많이 구제하고 하나님께 항상 기도하더니"(행 10:1~2).

오후 세 시경에 고넬료는 기도하다가, 하나님의 천사가 들어와 그의 이름을 부르는 환상을 보았다. 너무나 두려워 죽을 것만 같다. 고넬료가 물었다.

"주여 무슨 일이니이까?"

그러자 천사가 지시하기를, 사람들을 욥바에 보내어 무두장이 시몬의 집에 유숙하는 베드로를 청하라고 했다. 고넬료는 지체하지 않고 집안 하인 둘과 부하 가운데 경건한 사람 하나를 보내어 베드로를 자기 집으로 모셔오게 했다.

이튿날 베드로는 기도하려고 조용한 곳을 찾아 시몬의 집 지붕에 올라갔다. 정오쯤 되었는데, 이는 유대인들이 기도하는 시간이었다. 그런데 그날 기도는 다른 때와 달랐다. 베드로는 황홀한 중에, 큰 보자기 같은 것이 땅으로 내려오는 것을 보았다. 누가는 그것을 이렇게 묘사한다.

"그 안에는 땅에 있는 각종 네 발 가진 짐승과 기는 것과 공중에 나는 것들이 있더라"(행 10:12).

그다음 베드로의 귀에 소리가 들린다.

"베드로야 일어나 잡아먹으라."

그러나 베드로는 "그럴 수 없나이다. 속되고 깨끗하지 아니한 것을 내가 결코 먹지 아니하였나이다"라고 반응한다. 하늘에서 두 번째 소리가 들린다.

"하나님께서 깨끗하게 하신 것을 네가 속되다 하지 말라."

이런 일이 세 번 있고 난 뒤 그 큰 보자기 같은 것이 하늘로 올려져 갔다.

맞다. 베드로는 그것이 무슨 뜻인지 의아해하며 크게 동요했다. 마침 고넬료가 보낸 사람들이 시몬의 집에 도착하여 문을 두드리며 이곳에 베드로가 유숙하는지 물었다.

사도행전 10장 전체는 하나의 이야기를 다룬다.

베드로는 그 사람들과 함께 고넬료의 집에 도착했고, 성령님이 그곳에 있는 이방인들에게 임하신다.

"베드로와 함께 온 할례 받은 신자들〔유대인〕이 이방인들에게도 성령 부어 주심으로 말미암아 놀라니 이는 방언을 말하며 하나님 높임을 들음이러라"(행 10:45~46).

베드로는 예루살렘으로 돌아가, 그곳에서 정확하게 무슨 일이 있었는지 궁금해 하는 예루살렘 교우들을 만난다. 베드로는 그 일을 일목요연하게 설명한다.

"또 마음을 아시는 하나님이 우리에게와 같이 그들에게도 성령을 주어 증언하시고 믿음으로 그들의 마음을 깨끗이 하사 그들이나 우리나 차별하지 아니하셨느니라"(행 15:8~9).

누가는 12절에서 "온 무리가 가만히 있어"라고 기록했다. 문제가 해소되었다. 하나님은 비단 아브라함의 후손뿐만 아니라, 사마리아인도 그분의 사랑과 관심의 대상이란 점을 명확하게 밝히셨다. 이방인도 예외가 아니다.

그런데 성령님은 또 다른 중요한 계시를 주셨는데, 이 또한 유대인 신자에게는 엄청난 충격이 아닐 수 없다.

전 세계를 위한 오순절 사건

누가는 바울이 에베소(지중해로 흘러들어 가는 자이스테르 강에 있는 대도시)에 갔을 때 어떤 제자들(예수 그리스도를 따르던 신자들)을 만났던 일을 얘기한다. 바울이 그들에게 "너희가 믿을 때에 성령을 받았느냐?"라고 묻자, 그들은 이렇게 대답했다.

"아니라 우리는 성령이 계심도 듣지 못하였노라."

요한의 제자 출신으로 추정되는 그들은 구약은 어느 정도 알고 있지만, 성령의 사역은 전혀 이해하지 못했다.

"그들이 듣고 주 예수의 이름으로 세례(침례)를 받으니 바울이 그들에게 안수하매 성령이 그들에게 임하시므로 방언도 하고 예언도 하니 모두 열두 사람쯤 되니라"(행 19:5~7).

일상생활에서 성령님과 친밀하게 교제하는 비결

사도행전에 나타난 교회 탄생의 네 가지 측면

- 유대인 오순절 사건 - 사도행전 2장
- 사마리아인 오순절 사건 - 사도행전 8장
- 이방인 오순절 사건 - 사도행전 10장
- 전 세계적 오순절 사건 (요한의 제자들) - 사도행전 19장

성령님은 이런 문화적, 신학적 차이가 있는 집단을 하나로 연합하여 그리스도의 몸을 이루게 하셨다. 교회 안에 이들 집단을 모두 포함하려는 하나님의 뜻을 여실히 보여주는 한 가지 증거는 성령님이 그들에게 임해서 예전에 전혀 배운 적이 없는 다른 언어로 하나님 높임을 들을 수 있었던 사건이다.

4. 당신에게 임하는 성령의 충만

다음 장에서 성령충만한 그리스도인의 현대적 의미가 무엇인지 살펴볼 것이다. 그럴지라도 신약의 등장인물 중에 성령으로 충만했던 중요한 몇몇 인물들과 어떻게 그들이 각기 다른 문화와 환경에 대처했는지 간략하게나마 알아보는 것이 필요하다.

단순히 회심하는 순간 성령의 선물을 받는 것과는 달리, 신약에서 성령으로 충만했다고 표현하는 13가지 사례부터 알아보자.

복음서에서는 네 사람이 성령으로 충만했다고 말한다.

① 세례(침례) 요한(눅 1:15)

② 엘리사벳(눅 1:41)

③ 사가랴(눅 1:67)

④ 예수님(눅 4:1)

사도행전에 성령으로 충만했던 아홉 가지 사례가 적혀있다.

① 오순절 날 120명

② 베드로(행 2:4 / 4:8 / 4:31)

③ 제자들의 무리(행 4:31)

④ 일곱 집사(행 6:3~5)

⑤ 스데반(행 7:55)

⑥ 바울(행 9:17)

⑦ 바나바(행 11:24)

⑧ 바울이라고 하는 사울(행 13:9에 2차 언급)

⑨ 안디옥의 제자들(행 13:52)

에베소인들에게 쓴 바울의 서신에, 성령충만을 받으라는 매우 괄목할만한 명령이 하나 더 나온다. 바울의 기록이다.

"술 취하지 말라 이는 방탕한 것이니 오직 성령으로 충만함을 받으라"(엡 5:18).

이것은 다음 장의 주제이기도 한데, 거기에서 좀 더 자세하게 설명하겠다. 베드로의 경우 세 차례에 걸쳐서 그가 새로운 필요에 봉착했을 때 그의 육체가 성령으로 충만해지는 유의미한 일이 일어났다.

첫 번째는 오순절 날이었다.

두 번째는 안나스 대제사장와 가야바가 사도들을 가운데 세우고 무슨 권한으로 못 걷게 된 이를 고쳤느냐고 다그쳐 물었을 때이다. 누가의 말이다.

"이에 베드로가 성령이 충만하여 이르되..."(행 4:8).

세 번째는 베드로를 포함하여 사도들이 놓인 후, 그 동료들이 함께 모여(아마도 다락방에서), "빌기를 다하매 모인 곳이 진동하더니 무리가 다 성령이 충만하여 담대히 하나님의 말씀을 전하니라"(행 4:31)라는 때이다.

간단히 말해서, 이것은 인생을 살면서 공격을 받거나, 위급한 때에 우리에게도 육체에 하나님의 영이 충만하게 부어져서, 약함을 이길 힘이 생기고, 부족한 식견에 지혜가 떠오르고, 슬픔 중에 위로를 받고, 자신의 한계를 뛰어넘는 통찰을 하며, 용기를 내어 지속적으로 주님께 시선을 두고, 하나님의 임재를 곧이곧대로 경험하는 등 날마다 직면하는 도전에 맞설 수 있는 좋은 일이 생긴다는 뜻이다.

5. 성령님은 사역의 완수를 위해 당신에게 은사를 주신다

신약에 영적은사와 관련한 말씀이 네 군데 나온다.

① 고린도전서 12~14장(가장 광범위하게 은사를 다룬다.)

② 로마서 12:6~8

③ 에베소서 4:7~14

④ 베드로전서 4:8~11

영적은사란 무엇인가?

성경에 여러 차례 사용된 "은사"(선물)는 다분히 영적인 성격을 띤다. 하지만 일반적으로 은사 곧 "영적인 선물"은 하나님께서 받을 자격이 없는 초라한 우리에게 공짜로 주시는 어떤 것 – 재능 또는 때에 따라서는 인간의 재능을 뛰어넘는 기량 – 을 의미한다. 달리말해 하나님이 주시는 은사는 무엇이든지 유익하게 하려 하심이며, 마치 하나님이 우리에게 신세를 지신 것처럼 선물로 "보답"하려는 것과 같다. 하나님의 선물은 전적으로 그분의 은혜가 무궁하므로 주시는 것이다.

성령충만과 영적은사

성령충만과 영적은사를 혼동해서는 안 된다.

두 가지 모두 하나님의 은혜에서 나왔지만 각각 달리 작용한다. 하나님의 자녀는 누구나 성령을 선물로 받는다. 하지만 은사는 성령께서 믿는 자 각 개인에게 따로따로 주신다.

일상생활에서 성령님과 친밀하게 교제하는 비결

바울이 교회의 자치 방법과 세상에서의 역할을 기술해 놓은 에베소서 4장을 통해 은사를 살펴보기로 하자.

에베소서 4장 1~3절에서 바울은 믿는 자로서 우리는 온유와 오래 참음으로 "사랑 가운데서 서로 용납"하며 살아야 한다고 강조한다. 그는 우리에게 "평안의 매는 줄로 성령이 하나 되게 하신 것을 힘써 지키라"라고 권면한다. 그런 다음 4절로 6절에서 우리가 삶을 사는 동안 하나님의 일을 할 때 서로 하나 되거나 연합해야 한다고 역설한다.

에베소서 4:7~8 말씀이다.

"우리 각 사람에게 그리스도의 선물의 분량대로 은혜를 주셨나니 그러므로 이르기를 그가 위로 올라가실 때에 사로잡혔던 자들을 사로잡으시고 사람들에게 선물을 주셨다 하였도다."

그런 다음 바울은 그리스도의 몸을 위해 섬기기 위해 개인이 받는 은사를 열거한다.

사도 선지자 복음 전하는 자 목사와 교사	목적: "이는 성도를 온전하게 하여 봉사의 일을 하게하며 그리스도의 몸을 세우려 하심이라"(12절).

영적 은사의 목적

성령께서 믿는 자에게 은사를 수여하신 목적은 그리스도의 몸의 지체인 남녀 성도가 힘을 내어 봉사의 일을 하게하며 교회를 (분열 없이) 세우려 하심이다.

은사의 목록을 대조해 보면(표 참조), 은사의 종류는 어느 것 하나만 있는 것이 아니라 제법 다양하다. 한쪽 교회에 은사가 쏠려있는 것처럼 보이지만 절대 그렇지 않다. 그 가운데 그분의 몸을 온전히 세우기 위해 우리에게 가장 적합한 은사가 무엇인지는 하나님이 알아서 결정하신다.

성경에 나오는 은사들

로마서 12:3~8	고린도전서 12:4~11	고린도전서 12:28	베드로전서 4:10~11
예언	예언	병 고침	설교
섬김	지혜	능력 행함	봉사
가르침	지식	다스림	
위로	믿음	행정	
구제	병 고침	방언 말함	
다스림	능력 행함	서로 도움	
긍휼 베풂	영들 분별함		
	방언 말함		
	방언들 통역함		

은사는 하나님이 주권적으로 그분의 자녀 개개인에게 그분의 뜻을 따라 주신다.[37]

다음 성경 구절들은 이에 관련한 진리의 말씀이다.

● 고린도전서 12:6 – "또 사역은 여러 가지나 모든 것을 모든 사람 가운데서 이루시는 하나님은 같으니."

●고린도전서 12:18 – "그러나 이제 하나님이 그 원하시는 대로 지체를 각각 몸에 두셨으니."

●로마서 12:6 – "우리에게 주신 은혜대로 받은 은사가 각각 다르니 혹 예언이면 믿음의 분수대로."

●고린도전서 12:11 – "이 모든 일은 같은 한 성령이 행하사 그의 뜻대로 각 사람에게 나누어 주시는 것이니라."

●베드로전서 4:10 – "각각 은사를 받은 대로 하나님의 여러 가지 은혜를 맡은 선한 청지기 같이 서로 봉사하라."

우리가 받은 은사는 그리스도의 몸을 온전하게 하려고 지혜의 하나님이 그분의 자녀인 우리 각자에게 주신 것이므로 부족함이 없다.

영적 은사를 생각할 때마다 으레 나의 세 자녀의 성장기에 그들에게 선물을 주었던 일이 떠오른다. 나는 편애 없이 자식들을 키웠는데 그들에게 줄 선물을 고를 때 될 수 있으면 가격도 똑같이 맞추려 했지만 그러기가 쉽지 않았다.

왜일까? 나이, 재능, 성격, 흥미가 각기 다 달랐기 때문이다. 부모로서 자식에게 선물할 때에는 아이의 필요, 성격, 그리고 희망사항을 염두에 두게 마련이다.

영적 은사에 있어서도 마찬가지이다.

당신을 사랑하는 하나님은 그러한 여러 가지 면을 고려해서 편애 없이 당신에게 꼭 맞는 특별한 선물을 주시므로 그 은혜에 기뻐하지 않을 수 없다. "시시한 선물(은사)" 따위는 단 하나도 없다.

어떤 은사이든 모든 힘을 가진 전능한 아버지가 자기 자녀의 특성을 고려하여 개별적으로 주신 선물이기에 그 하나하나가 다 소중하고 무한한 가치를 가진다. 거꾸로 뒤집어서 하나님이 그 은혜로 인하여 우리에게 적합하다고 여겨서 주신 그러한 은사에 담긴 영적 원리를 보면, 은사로 말미암아 그리스도의 몸을 세우고 믿는 자들에게 힘을 더하여 하나님의 일과 뜻을 행하도록 하려는데 있다.

고린도전서 12장에서 바울은 교회에 있는 영적 은사를 다양한 인체 조직을 갖춘 인간의 몸에 비유한다. 팔, 손, 귀, 눈은 함께 작용하여 조화를 이룬다.

"듣는 역할을 하는 지체"가 오직 자기만 하나님의 소리를 듣는다며 주님께 받은 다른 은사는 부정하거나, "보는 역할을 하는 지체"가 오직 자기만 주님을 본다고 여긴다면, 그리스도의 몸은 분열한다.

하나님의 말씀은 주님이 우리를 개별적으로 다루신다는 것을 인식하는 가운데 우리가 서로 사랑과 이해로 용납하라고 요구한다. 바울의 말이다.

일상생활에서 성령님과 친밀하게 교제하는 비결

"눈이 손더러 내가 너를 쓸 데가 없다 하거나 또한 머리가 발더러 내가 너를 쓸 데가 없다 하지 못하리라"(고전 12:21).

우리는 서로 그리스도의 몸의 지체이다.

은사는 영원할까?

그 정답이 로마서 11장 29절에 명기되어 있다.

"하나님의 은사와 부르심에는 후회하심이 없느니라."

달리 번역하자면 "하나님의 은사와 부르심은 절대로 취소할 수 없다"이다. 이 간단한 말씀으로 나는 헷갈렸던 많은 의문을 풀었다. 어떤 사람이 주님으로부터 무슨 영적 은사를 받았다면, 주님과의 사이가 벌어졌다 해도 그 은사가 계속해서 나타난다는 뜻이다.

하나님이 주신 은사는 유용하게 사용하라고 주신 것이지 그것이 우리가 무슨 대단히 경건한 자라도 되는 양 뻐기라고 달아 준 영적 계급장이 아니다.

은사는 개인의 영원한 소유일 뿐 아니라 교회의 영구한 재산이기도 하다. 물론 일부 성령의 은사는 시간상으로 유한하여 수년 동안 잠깐 나타났다가 완전히 사라지기도 한다. 이 드넓은 세상 곳곳에서 하나님의 영이 하시는 모든 일을 어찌 사람이 다 알 수 있겠는가? 오직 하나님만 전지하시다.

우리 시대에 영적인 은사를 부어 주시는 등 성령님의 역사가 다시 새롭게 나타나는 모습을 계속해서 목격한다.[38] 그러한 현상은 주님의 재림이 가까웠다는 징조이다. 오순절 날 베드로가 인용했던 요엘의 말씀은 오늘날에도 연속해서 성취되는 예언이다.

"하나님이 말씀하시기를 말세에 내가 내 영을 모든 육체에 부어 주리니"(행 2:17).

6. 하나님의 영은 당신을 거룩하게 한다.

우리를 성화하는 성령님의 사역을 다룬 세 가지 성경 구절이 있다(롬 15:16 / 고전 6:11 / 살후 2:13).

"불의한 자가 하나님의 나라를 유업으로 받지 못할 줄을 알지 못하느냐 미혹을 받지 말라 음행하는 자나 우상 숭배하는 자나 간음하는 자나 탐색하는 자나 남색하는 자나 도적이나 탐욕을 부리는 자나 술 취하는 자나 모욕하는 자나 속여 빼앗는 자들은 하나님의 나라를 유업으로 받지 못하리라 너희 중에 이와 같은 자들이 있더니 주 예수 그리스도의 이름과 우리 하나님의 성령 안에서 씻음과 거룩함과 의롭다 하심을 받았느니라"(고전 6:9~11).

"주께서 사랑하시는 형제들아 우리가 항상 너희에 관하여 마땅히 하나님께 감사할 것은 하나님이 처음부터 너희를 택하사 성령의 거룩하게 하심과 진리를 믿음으로 구원을 받게 하심이니"(살후 2:13).

일상생활에서 성령님과 친밀하게 교제하는 비결

"이 은혜는 곧 나로 이방인을 위하여 그리스도 예수의 일꾼이 되어 하나님의 복음의 제사장 직분을 하게 하사 이방인을 제물로 드리는 것이 성령 안에서 거룩하게 되어 받으실 만하게 하려 하심이라"(롬 15:16).

당신이 예수 그리스도를 따르기로 한 그 날, 성령께서 당신의 삶 속에 들어오셔서, 당신에게 따개비처럼 들러붙은 구습을 하나씩 떼어내기 시작한다. 하나님을 영화롭게 하지 못하는 습관들을 알려주면서 조금씩 당신이 그리스도를 닮아가게 하신다. 이 과정은 당신이 예수 그리스도를 얼굴과 얼굴을 맞대고 뵈올 때까지 계속된다. 성화는 성령을 받는 그런 "일회성"의 체험이 아니다. 일각에서는 이것을 헷갈리게 가르친다. 성화는 지속해서 진행되는 하나님의 은혜의 사역이다.

나는 믿음의 영웅이었던 왕명도 목사(중국 모택동 시절 지하교회의 지도자)의 사택에 방문했던 소중한 추억이 있다. 믿음 때문에 근 22년간 중국에서 옥살이했던 왕 형제는 고령에 석방되었지만 반 연금 상태로 지내야 했다. 흔들의자에 앉아서 나와 대화를 나누던 백발이 성성했던 그 형제의 모습이 지금도 눈앞에 선하다. 한마디도 놓치지 않으려고 나는 귀를 종긋 세웠다. 그는 백내장으로 눈이 흐릿했지만 총기는 그대로였다. 나는 그에게 말했다.

"왕 형제님, 오래전에 당신이 쓴 책 '닳고 닳은 돌'(A Stone Made Smooth)을 읽었어요."

왕 목사는 비유법을 사용하여 돌 하나가 하상에 이르기까지 구르고 구르는 과정에서 닳고 닳아 결국 매끈하고 반짝거리게 된다고 썼다. 영롱하게 빛나는 눈동자로 그는 즉시 반응했다.

"돌은 아직도 구르고 있어요!"

물론 그의 인생에서 성령님의 성화하는 사역이 계속되고 있다는 의미로 들릴 수 있다.

딱히 뭐라고 예측할 수 없지만, 어쩌면 왕 목사는 몇 년 전 석방된 지 얼마 안 되어서 일어났던 일을 추억하며 답했는지 모른다. 교정 당국에서 그를 불러 만일 복음을 전하지 않는다고 약속하면 석방해 주겠다고 회유했다. 그는 대충 종이에 서명하고 방면되면 안에 있는 것보다 밖에서 훨씬 더 선한 일을 많이 할 수 있다고 생각하고 서류에 서명했다.

그러자 왕 목사는 진짜 석방되었다. 하지만 그 일이 있고나서 이내 거리를 배회하며 "나는 유다요! 나는 유다요!"하며 외치고 다녔다. 그는 해당 관청에 돌아가서 말했다.

"나를 다시 가둬 주시오. 나는 도저히 또다시 예수 그리스도를 부인할 수 없소."

흥미롭게도 13년이 넘는 세월동안 바울은 세 차례에 걸쳐 매번 자기 자신은 전보다 더욱 큰 죄인이라고 진술한다.

AD 51년에 고린도인에게 보내는 서신에서 바울은 자기를 "사도 중에 가장 작은 자"라고 말한다.

아홉 해가 지난 뒤, 에베소 사람에게 보낸 편지에서 그는 자신을 "모든 성도 중에 지극히 작은 자보다 더 작은 나"(엡 3:8)라고 칭한다.

그리고 그의 마지막 서신인 디모데에게 보내는 편지에서는 자기를 가리켜 "죄인 중에 내가 괴수니라"(딤전 1:15)고 묘사한다.

바울이 점점 더 흉악한 죄인이 되었다는 뜻인가?

아니다! 시간이 지날수록 그는 내면에 자리한 우리의 옛 성품, 곧 죄성을 더욱 심오하게 인식한 것 아닐까? 주 예수님을 가까이하면 할수록 바울은 자신의 죄성을 더욱더 크게 자각했다. 우리 안에서 진행하는 성령님의 성화사역은 우리가 천국 문에 다다르는 순간까지 멈추지 않는다.

7. 하나님의 영은 그분의 자녀를 인도한다.

몇 년 전 오리건 주 우드번에 있는 러시아인 교회에서 설교하러 갔을 때, 담임인 알렉스 셉추크 목사가 이르기를, "저녁 예배를 마친 후에 교제를 위해 몇 분을 우리 집에 초대하려 합니다. 브라더 조셉이 당신에게 간증하고 싶다고 하네요"라고 했다.

턱수염을 기른 브라더 조셉은 야윈 체형에 비교적 건강해 보이는 80세의 노인이었다. 교인들은 그를 하나님의 사람으로 존경했다. 그는 고난을 많이 겪었지만 하나님의 손길이 때마다 그를 건져 주셨다. 그와 나눈 대화를 요점만 추려서 재구성하여 소개한다.

1930년대 초에 동부 러시아에서의 생활은 고난의 연속이었다. 경제는 휘청거렸고, 공산당의 철권정치는 날마다 삶을 점점 더 옥죄었다. 그리스도인의 삶은 특별히 더 힘들었다. 제분소 집 아들이었던 조셉은 기독교를 믿는 가정 분위기에서 정기적으로 "기도의 집"에 출석했다. 지금도 러시아에서는 교회를 기도의 집이라고 부른다.

국가에 어둠이 드리우고 점점 더 살기 어려워지는 상황에서 하나님은 조셉이 다니는 교회의 몇 사람을 통해서 말씀하셨다. 성령님이 "큰 환난이 임박했다!"라고 하셨다. 하지만 의문이 생겼다.

"우리가 어떻게 해야 하는가? 어떻게 위기에 대처해야 하는가?"

그러자 예언을 통해 분명한 지시가 있었다. 될 수 있으면 모든 것을 버리고 그곳을 떠나 고비사막을 거쳐 중국으로 가라는 것이었다.

이 분명한 지시를 따르기로 하고 날을 정하여 밤중에 모여 오직 손수레 하나에 넣어 옮길 수 있는 짐만 챙겨서 떠나자고 했다. 대다수 사람이 조셉의 부모처럼 최근에 새집으로 이사한 상태였기에 주저했다. 그 모든 것을 버리고 떠나야 했기에 일부에서는 이렇게 말했다.

"하나님이 그렇게 말씀하셨다고요?"

다행히 조셉의 부모는 떠나기로 했다. 떠나기로 정한 날, 천둥과 번개를 동반한 엄청난 태풍이 마을을 강타했다. 덕분에 그들을 감시하던 군인들이 막사에서 나오지 않았다. 43명이 함께 모여 조용히 줄을 지어 한적해진 마을의 거리를 따라 어둠 속으로 사라졌다. 추격할 수 없는 지역까지 멀리 나오는 동안 그들이 탈출한 것을 아무도 알아차리지 못했다.

무리지어 사막까지 왔지만, 문제는 끝나지 않았다.

태양이 작열했고 준비했던 물이 이내 고갈되었다. 아이들은 징징거렸고 어른들의 발걸음은 무거웠고, 어찌할 줄 몰랐다. 결국 대열을 멈추고 한데 모여 간절히 기도하기 시작했다. 그런 다음 무리 가운데 한 남자 말했다.

"하나님의 영이 나에게 앞 방향으로 계속 가다가 왼쪽으로 틀어지는 곳의 모래를 깊이 파보라고 하시네요."

의구심이 들긴 했지만 몇 명의 남자가 그 장소로 터벅터벅 걸어가서 무릎을 굽혀 손으로 뜨겁게 달궈진 모래를 퍼 올리기 시작했다. 모래를 몇 번 퍼내자 초록색 식물 더미가 보였다. 조금 더 파자 구멍이 뚫렸고 그 안에 물이 가득했다!

한 번뿐이 아니었다. 사막을 지나는 동안 일곱 차례나 그랬다. 조셉에 따르면 매번 갈증을 해소할 수 있는 충분한 물이었다.

여기서 잠깐 내가 했던 질문이 있다. 회의론에 빠져서 했던 것이 아니라 하나님이 진짜로 그렇게 하신 말씀인지 아닌지 어떻게 판단할 수 있었는지 궁금해서 물었다. 조셉에게 물었다.

"그것이 하나님의 영이 당신을 인도하기 위해서 하신 말씀이란 것을 어떻게 알았나요? 이를테면, 마을에 있던 당신에게 떠나라고 했을 때요."

이렇게 질문하자 곧바로 되물었다.

"이것이 하나님의 인도라고 믿지 못하는 사람이 있었느냐고요?"

첫 번째 질문에 답하면서 조셉은 오른팔을 굽혀 그의 가슴을 두 번 가볍게 치면서 "여기에서 당신도 그것을 느낄 수 있어요"라고 말했다. 내가 이어서 물었다.

"그러면 모든 사람이 하나님이 하신 말씀이라고 믿었나요?"

"아니죠!"

그의 대답이었다. 나는 한마디 더 했다.

"그래서 그들은 어떻게 했죠?"

"남아있던 사람들은 떠난 사람들의 물건을 다 차지했어요. 그렇지만 마을에 남은 자들은 대부분 공산당이 죽였거나 옥에 가뒀고, 교회마저 문을 닫았어요."

하나님의 영은 한 번에 한걸음씩 인도한다

라브리의 설립자 프란시스 쉐퍼는 어떤 노후 설계를 했느냐는 질문에 아무런 계획도 없다고 대답했다. 그는 다만 성령님의 인도 하심에 맡겼기에 그 이상의 계획은 불필요하다고 설명했다. 그리고 쉐퍼는 이어서 하나님께서 그에게 원하시는 다음 단계가 무엇인지 그것만은 잘 알고 있고, 자기는 그것으로 만족한다고 덧붙였다.

이것은 오래전 폴 핀켄바인더(라틴 아메리카에서는 헤르만노 파블로)가

나에게 해준 조언과 본질에서 같다. 그는 성령님의 인도하심을 캄캄한 동굴에 횃불이나 손전등을 가지고 들어가는 것에 비유했다. 그것은 동굴 전체를 구석까지 환하게 밝히거나 비추지 않는다. 발걸음을 옮길 정도만 조금씩 비춰준다.

정리해 보자. 하나님의 영은 때에 따라 이성적 논리에 반하는 쪽으로 이끌기도 하지만, 절대로 하나님의 말씀과 상반되는 쪽으로 당신을 인도하지 않는다. 아브라함은 하나님의 영의 인도하심을 따라 근 1,600km를 방랑해야 했다. 그것이 인간의 이성으로 이치에 닿는 일인가? 연봉을 3억 원 이상 받던 기업체의 간부가 사임하고 후원을 받아 겨우겨우 사역해야 하는 선교사가 된 것과 다르지 않다.

8. 하나님의 영은 구원의 확신을 준다.

로마서 8:16 말씀이다.

"성령이 친히 우리의 영과 더불어 우리가 하나님의 자녀인 것을 증언하시나니."

하나님의 영은 우리 마음에 하나님의 말씀에 대한 확신을 주사, 우리가 용서를 받았다는 것과 주님에게 속해 있는 자라는 사실을 믿게 한다.

내가 경험한 바에 따르면 대단히 많은 사람이 이런저런 이유를 대며 죽은 다음에 천국에 간다는 사실을 믿지 않는다. 과거에 자신이 지은 죄가 얼마나 큰데 어찌 하나님이 그것을 용서하겠느냐며

믿을 수 없다는 사람이 가장 많다.

"내가 낙태했다는 것을 어떻게 말해요?"

하나님의 큰 용서에 관하여 성경 말씀을 나누는 동안에 한 젊은 여성의 입에서 엉겁결에 툭 튀어나온 말이다.

또 다른 사례에서는 배우자에게 감추고 있는 자신이 저지른 불륜 때문에 구원을 확신할 수 없다고 말하는 사람도 있다. 이 경우 간통을 범한 죄책감이 걸림돌이 되어 결국 하나님의 용서를 믿지 못하는 사태가 벌어진 것이다.

"그가 네 죄악을 사하시며"라는 구절이 나오는 시편 103편을 소리 내어 읽으면서 하나님이 우리를 위해서 행하신 일을 되새김질해야 한다. 혹독한 벌을 받은 다윗은 12절에 이렇게 적어 놓았다.

"동이 서에서 먼 것 같이 우리의 죄과를 우리에게서 멀리 옮기셨으며."

이야말로 기쁜 소식이다.

왜인가? 동과 서는 절대로 만나지 않는다!

도대체 몇 번까지 하나님께 죄를 고백해야 할까?

장인어른이었던 가이 더프필드 목사님은 생전에 "마귀를 향한 고백"이라는 제목의 설교를 하셨다. 설교의 요지는 이랬다. 당신이 잘못이나 죄를 하나님께 고백하면, 그분은 즉시 당신을 용서하신다! 반복해서 죄를 되묻고 되묻지 않으신다. 그러나 사람들은 이 사실을 모르고, 계속하여 하나님이 이미 용서하신 그 죄를 거듭거듭 고백한다. 이것은 마귀에게 고백하는 꼴이다.

일상생활에서 성령님과 친밀하게 교제하는 비결

하나님의 가족에 입양됨

갈라디아의 그리스도인에게 보낸 서신에서 바울은 이렇게 말한다.

"너희가 아들이므로 하나님이 그 아들의 영을 우리 마음 가운데 보내사 아빠 아버지라 부르게 하셨느니라 그러므로 네가 이 후로는 종이 아니요 아들이니 아들이면 하나님으로 말미암아 유업을 받을 자니라"(갈 4:6~7). "아빠"라는 단어는 아람어인데, 영어로는 다정한 어감이 담긴 "대디"(Daddy)나 "파파"(Papa)에 해당한다. 60년대에 히피족(반전을 부르짖던 "사랑과 평화"라는 청년 문화에 심취했던 이들) 사이에 하나님에 대한 신앙이 퍼졌던 적이 있다. 그런 문화에 젖어있던 한 청년과 친구가 되어 그를 남자 성도들의 기도 모임에 데려왔던 일을 잊을 수 없다. 기도 모임에 참석한 남자 성도들이 대경실색하며 안절부절못하였다. 그러든지 말든지 그 친구는 무릎을 꿇고 간절히 기도했다. "아빠, 하나님..." 그렇다. 이것이야말로 바울이 우리가 반드시 알아야 한다고 힘주어 강조하려 했던 친숙한 표현이다. 왜냐하면 우리는 하나님이 한 가족으로 지내기 위해 입양한 자이기 때문이다.

에베소인에게 바울은 이렇게 쓴다.

"그 기쁘신 뜻대로 우리를 예정하사 예수 그리스도로 말미암아 자기의 아들들이 되게 하셨으니"(엡 1:5).

헬라어로 입양이란 "아들의 자리에 둠!"이라는 의미이다. 윌리엄 바클레이는 그의 책 "매일 스터디 성경"(Daily Study Bible)에서 양자 입양을 네 가지 측면에서 고찰했다.

(1) 양자 입양된 사람은 이전 가족의 모든 권리는 상실하고 새로운
가족의 아들로서 완벽하게 법적인 일체의 권리를 획득한다. 말 그대로
법적 구속력이 있는 새로운 부자관계가 성립한다.

(2) 양자 입양된 사람은 자연스럽게 새로운 아버지의 유산 상속자
가 된다. 심지어 다른 아들들(실제 혈연관계)이 그 후에 태어나도, 그것
은 그의 합법적인 권리에 영향을 끼치지 않는다. 그는 그들과 마찬가
지로, 양도할 수 없는 공동 상속자이다.

(3) 법적으로 양자 입양된 사람의 옛날 삶은 완전히 소멸한 상태이
다. 예를 들어, 모든 채무는 탕감된다. 채무는 마치 전혀 없었던 것처
럼 부존재 한다. 양자 입양된 사람은 새로운 사람으로 취급된다.

(4) 법률적 관점에서, 양자 입양된 사람은 그의 새로운 아버지의
사실적이고 완전한 아들이다!

이것은 그야말로 하나님의 가족에 입양되었다는 것이 무엇인지
생생하게 묘사하는 설명이다.

9. 성령님은 고난의 때에 당신을 위로한다.

성령님에 관한 모든 진리 가운데 사람이 감당할 수 없는 고통과
시련을 겪을 때 하나님의 영이 우리를 위로하신다는 사실만큼 의
미심장한 것은 없다. 헬라어로 "위로하는 자"(보혜사)란 줄곧 곁에서
도와주는 자를 뜻한다.

자포자기가 되는 상황에 봉착하여 당신 홀로 슬픔에 잠겼을 때, 친구들이 해 준 좋은 말이 마음에 맴돌아 희망을 잃지 않았던 적이 있는가? 그것이 바로 성령님이 최고의 친구가 되어서 당신의 고통과 슬픔을 돌보아 주실 때의 모습이다.

미 육군 대위가 노부부의 집을 방문해서 군에 입대한 그들의 아들 오 형제 모두 전사했다는 비보를 알려야 하는 몹시 어려운 임무를 맡았다. 그 임무를 도저히 완수할 자신이 없어서 그분들이 다니는 교회의 목사님에게 찾아가서 동행해 줄 것을 청했다. 그 두 사람은 집밖에 서서 잠시 기도한 후에 초인종을 눌렀다.

문간에 나온 부친이 장교와 목사님이 함께 서 있는 것을 보더니 뭔가 아주 심상치 않은 일이 벌어졌다는 것을 감지했다.

"몇이에요?"

그가 묻자, 장교가 말했다.

"다섯 명 모두입니다."

오직 하나님이신 보혜사 성령님만 오 형제를 한꺼번에 잃은 그 슬픔과 고통을 완화하실 수 있다.

어느 때인가 아들 사형제를 교통사고로 모두 잃었다고 덤덤하게 이야기하는 한 아버지를 만난 적이 있다. 나는 "유감입니다"라는 말에 이어서 "그런 일이 있는 줄 몰랐어요"라고 말했다.

"아녜요. 유감스런 일이 아닙니다."

그 아버지가 덧붙여 말했다.

"그 사건 때문에 천국을 더 사모하게 되었어요."

우리가 어두운 골짜기를 지날 때 성령님의 위로하심을 위해 기도해야 하는가?

반드시 그래야 한다!

기억하자. 하나님의 영은 "말할 수 없는 탄식으로" 애통하면서 우리를 위해 중보 하신다(롬 8:26 참조).

10. 성령님은 불확실한 시대에 당신을 돕는다.

바울은 로마서 8장에서 "성령도 우리의 연약함을 도우시나니"라는 이런 감동적인 말씀에 더하여 "우리는 마땅히 기도할 바를 알지 못하나 오직 성령이 말할 수 없는 탄식으로 우리를 위하여 친히 간구하시느니라"(롬 8:26)라고 말한다.

당신은 일이 너무도 심각하고, 복잡하게 꼬여서 도무지 어떻게 기도해야 할지 몰랐던 적이 있는가?

아직 없다면 단언컨대 그런 날이 온다. 양단간에 눈물만 나오고, 둘 중 어떤 것이 나은지 분간이 안 가는 때가 생긴다. 머리와 마음이 양 갈래로 찢어진다. 하나님의 뜻을 찾게 되고, 그것이 또한 내 뜻이 되기를 바란다.

헬라어로 "연약함"은 아스쎄네이아(ἀσθενείᾳ)인데, 여러 가지 뜻으로 쓰이는 단어이다. 열거해 보자면, 육체적인 고통, 도덕적 타락, 양 갈래 길에 선 난처함 등이다. 로마서 8장 26절에서 바울이 한 말씀은 그런 여러 상황에서 내가 안심할 수 있도록 도우신다는 것이다.

일상생활에서 성령님과 친밀하게 교제하는 비결

오래전 한국에 가서 사역하고 있는데 아버지께서 전화로 어머니가 암으로 쓰러져 위독하다고 알려 왔다. 어머니는 80대의 고령인데다가 그간 20년이 넘게 광범위한 항암치료를 받아오던 중이었다.

아버지는 "하나님께 그녀의 완치를 위해 기도하라"고 요구했다.[39] 나는 아버지에게 하나님이 다시 어머니를 일으켜 주신다면 나에게 그보다 더 기쁠 것이 없겠지만, 지금은 하나님의 뜻을 구하는 것이 더 좋겠다고 말씀드렸다. 방금 인용했던 구절에 이어서 바울은 이렇게 기록한다.

"마음을 살피시는 이가 성령의 생각을 아시나니 이는 성령이 하나님의 뜻대로 성도를 위하여 간구하심이니라"(롬 8:27).

그리고 그다음 구절은 사람들이 매우 좋아하지만 종종 오해하는 말씀이기도 하다. 하나님은 그분을 사랑하는 자들 곧 그분의 뜻대로 부르심을 입은 자들에게 유익이 되도록 모든 일을 아우르신다.

그건 그렇고, 나의 어머니는 수년 동안 더 사시다가 암이 아니라 심부전으로 소천 하였다.

11. 성령님은 당신을 그분의 소유로 인치신다.

바울의 기록이다.

"하나님의 성령을 근심하게 하지 말라 그 안에서 너희가 구원의 날까지 인치심을 받았느니라"(엡 4:30).

믿는 자가 성령의 인치심을 받았다는 표현이 나온 배경은 이러하다.

바울이 에베소에 갔을 때(행 19), 그곳의 인구는 약 250,000명이었다. 그 도시에는 25,000명이 앉을 수 있는 좌석을 갖춘 원형극장과 15,000본의 사본(두루마리)을 보유한 대형 도서관, 그리고 주민들의 필수품을 판매하는 식료품점과 시장이 있었다. 한편, 교역에 있어서 생명줄 같은 자이스테르 강이 내륙을 통해 에베소 항까지 129km 정도 흘렀고, 또한 지중해로 빠져나갔다. 좋은 소식은 자이스테로 강 덕분에 그 도시에 상업이 흥왕했다는 것이고, 나쁜 소식은 토사가 강을 타고 항구에 차츰 쌓이면서 에베소가 점점 죽어갔다는 것이다.

게다가 남벌한 나무들을 상인들이 항구로 흘려보내 그곳에서 거래했다. 만일 도급업자가 목재가 필요한 경우 자기의 도장과 함께 하인이나 대리인을 항구로 보냈다. 하인이 목재 매매 계약을 체결하고 대금을 지급한 다음 나무마다 일일이 주인의 도장을 찍었다. 그런 다음 때가 되면 도급업자가 와서 대리인이 이미 도장을 찍어놓은 나무들을 골라 운송한다. 이것이 바로 회심하는 순간 모든 믿는 자가 받는 성령의 인치심이 뜻하는 바이다.

성령의 인치심은 어느 날 그리스도께서 우리를 위해 다시 오셨을 때, 혹은 천국에 입성하기 위해 대기할 때, 우리가 주님의 소유라는 것을 확인하는 증표이다.

아일랜드에 가서 세계적인 명성을 얻은 벨릭 도예 공방을 방문해 보면, 그들이 제조한 모든 제품에 고유한 문양이 새겨져 있다.

일상생활에서 성령님과 친밀하게 교제하는 비결

그것은 진품임을 증명해 주는 표시이다. 네덜란드 산 로얄 델프트 도자기 진품도 마찬가지이다.

파리에 있는 루브르처럼 유명한 박물관에 가보면, 세계적으로 저명한 예술가들의 그림에도 서명이 있다. 마찬가지로 하나님의 성령께서 예수 그리스도를 믿는 모든 자에게 비록 그 표시가 눈에 보이지는 않지만 도장을 찍어 놓으셨다. 그래놓고 하나님이 이렇게 말씀하신다.

"너를 내 아들 예수 그리스도가 값 주고 샀으니, 너는 그의 것이다."

12. 성령님은 주 예수 그리스도를 영화롭게 한다.

요한복음에는 우리 주님의 공생애 중 21일간에 걸쳐 일어났던 사건이 기록되어 있다.

13장부터는 요한이 예수께서 지냈던 마지막 이레 동안의 일을 집중적으로 다룬다. 예수님은 지상에서 보내야 할 날수를 알고 계셨고, 제자들이 이해할 수 있는 범위 내에서 어떤 일이 벌어질지 알려 주셨다. 그분이 자기를 세상에 보낸 아버지께로 가야 한다고 말씀하시자, 아무도 감히 "어디로 가십니까?"라고 묻는 자가 없었다. 그럴지라도 예수님이 이르셨다.

"내가 너희보다 먼저 가 있겠다. 만일 내가 떠나가지 아니하면, 보혜사가 너희에게로 오시지 아니할 것이요 가면 내가 그를 너희에게로 보내리라!"

알기 쉽지 아니한가?

그런 다음 예수님이 말씀하셨다.

"그가 내 영광을 나타내리니 내 것을 가지고 너희에게 알리시겠음이라 무릇 아버지께 있는 것은 다 내 것이라 그러므로 내가 말하기를 그가 내 것을 가지고 너희에게 알리리라 하였노라(요 16:14~15).

예수께서 열두 살에 부모인 마리아와 요셉과 함께 매년 찾아오는 유월절을 지키기 위해 예루살렘 성전에 갔다. 절기가 끝났지만, 예수님은 그대로 예루살렘에 남았고, 그분의 양친은 나사렛으로 돌아오는 무리 중에 그분이 없다는 것을 뒤늦게야 알아챘고, 예수님을 찾기 위해 다시 예루살렘으로 돌아왔다. 그리고 그때 예수님이 하신 말씀은 거의 책망처럼 들린다.

"내가 내 아버지 집에 있어야 될 줄을 알지 못하셨나이까?"(눅 2:49).

30세쯤에 예수님이 공생애를 시작하셨다.

그분은 병자들을 고치셨다. 죽은 자를 살리셨다. 아무도 감히 흉내 낼 수 없는 권세를 가지고 말씀하셨다. 미리 말씀하셨던 대로 정확히 십자가에 못 박혀 죽으셨다가 사흘 만에 다시 살아나셨다. 그분은 아버지께 영광을 돌렸고, 아버지께서도 아들을 영화롭게 하사 언젠가 모든 무릎을 그분의 이름에 꿇게 하시고 모든 입으로 예수 그리스도를 주라 시인하게 하신다!

일상생활에서 성령님과 친밀하게 교제하는 비결

[주]

31. 2016년 6월 20일에 접속한 내용 참조. "John Owen Quotes about the Holy Spirit," AZ Quotes, http:// www.azquotes.com/author/11195-John_Owen/tag/holy-spirit

32. Mollie Ziegler Hemingway, "Faith Unbounded," Christianity Today, 2010년 9월 9일자, 74.

33. J. I. Packer, Knowing God (London: Hodder & Stoughton, 1984), 79.

34. 사도행전 2:38-39 이외에 참조할 구절. 롬 5:5/ 8:9,11 / 고전 6:19-20 / 3:16 / 12:7 / 갈 3:2.

35. H.E. Dana and Julius R. Mantey, A Manual Grammar of the Greek New Testament (New York: Macmillan Publishers, 1957), 300.

36. 특기할 사항이 있다. 예루살렘 교회의 파송으로 사마리아인들에게 안수하여 성령을 받게 했던 두 제자 가운데 요한은 예전에 어느 날, 우리가 불을 명하여 하늘로부터 내려 사마리아 주민들을 멸하라 하기를 원하시느냐고 물었다가 예수님에게 꾸중을 들었던 두 제자 중 한 사람이었다(눅 9:51~55 참조).

37. 영적 은사를 세 가지 범주로 분류한다. 1. 동기적 은사 – 로마서 12장에 나오는 일곱 가지 영적 은사 – 믿는 자 개인이 영구적으로 소유함. 2. 나타남의 은사 – 고린도전서 12장에 나오는 아홉 가지 영적 은사. 3. 직임의 은사 – 에베소서 4장에 나오는 다섯 가지 영적 은사로 아무나 받는 것이 아니라, 공식적으로 그리스도의 몸인 교회를 훈육하고 치리하는 개인에게 부여된 은사이다.

38. 영적 은사를 매우 잘 다룬 책은 단연 D. A. 카슨이 쓴 Showing the Spirit: A Theological Exposition of 1 Corinthians 12-14(Baker Academic 출판사)이다. Trinity Evangelical Divinity School의 교수인 카슨은 균형 있는 시각으로 성경을 잘 풀어서 설명해 놓았다.

39. 하나님이 때때로 초자연적으로 치료하신다는 것은 명명백백하다. 필리핀의 B&H Publishing Group and OMF Literature를 통해서 출판한 나의 책 "신유에 관해서 당신이 알아야 할 것"(What You Need to Know about Healing)에서, 나는 관련 증거와 더불어 초자연적인 병 고침 10가지를 제시해 놓았다. 그러나 하나님은 또한 의학을 사용하여 우리의 몸을 치료하신다. 그리고 그분은 또한 조니 에릭슨 타다와 닉 부이치치 같은 자들을 사용하여 수많은 자에게 복음을 전하게 하심으로 구속적인 치료도 병행하신다.

제 4 장

성령충만이란
무엇인가?

"그런데 성령이 임하시면 권능을 받는다는 것은
그 권능으로 마귀의 세력을 꺾고,
견고한 진을 파할 수 있다는 약속인 걸까?
하나님의 기름 부으심으로 기도의 능력을 갖춘 교회 외에
지옥이 무서워하는 것이 또 있을까?" [40]

레너드 라벤힐

얼마 안 있으면 하늘로 올라가야 하는 예수님이 제자들을 향
하여 숨을 내쉬며 "성령을 받으라"고 하셨다(요 20:22). 이는 앞에서
내가 지적했던 대로, 헬라어 용법상 "내가 이것을 오늘 너희에게 준
다. 오순절 날이 아니라"는 의미이다. 그 외에 특기할 만한 다른 내
용이 없다. 그러나 예수님과 함께할 날이 얼마 남지 않았다. 예수
께서 승천할 시간을 몇 분 앞두고 제자들에게 했던 말씀을 누가가
기록으로 남겼다.

"오직 성령이 너희에게 임하시면 너희가 권능을 받고 예루살렘과
온 유대와 사마리아와 땅 끝까지 이르러 내 증인이 되리라 하시니라"
(행 1:8).

성령님을 만나면 인생이 뒤바뀌는 일이 벌어진다.

일부에서는 이것을 "성령세례(침례)"라고 표현하기도 하지만, 누가
는 이 사건을 단순히 "그들이 다 성령의 충만함을 받고…"라고 적시
했다. 때때로 우리는 언어나 용어를 너무 지나치게 사용하여, 일어
난 사건의 중요성을 잊곤 한다.

말년에 존 R. 라이스는 이런 사실을 직원을 뽑는 사장의 이야기

로 구체적인 예를 들어 설명했다.

청년 셋이 일자리를 지원하자, 사장은 지원자들에게 똑같은 이야기를 들려주어 그들이 상황에 대처하는 태도를 보고 그중에 한 사람을 채용하기로 마음먹었다.

한 농부의 양계장에 교활한 늙은 여우 하나가 침입했다. 그 동물은 닭장을 두른 울타리 밑을 파고 들어와 살진 닭 한 마리를 훔쳐서 달아났다. 밤중에, 꼬꼬댁거리는 소리에 놀라 잠이 깬 농부는 닭 도둑이 들었다는 것을 깨닫고 손에 랜턴과 쌍발 총을 들고 문밖으로 나왔다. 양계장으로 가다가 문득 나무뿌리 위에 엎드려 쌍발 총을 발사했다. 여기에서 이야기를 멈추고 그 사장은 지원자들을 보며 물었다.

"자, 그렇다면 여러분은 무슨 질문을 하고 싶은가요?"

한 청년이 물었다.

"총의 종류가 무엇이었나요?"

다른 이가 물었다.

"몇 마리의 닭을 지켰나요?"

세 번째가 물었다.

"총을 쏴서 닭을 훔쳐간 여우를 잡았나요?"

사장은 이 청년을 채용했다.

"성령 안에서 / 성령으로 / 성령에 의해 받은 세례(침례)", 혹은 인생이 바뀌는 성령의 임하심 등 어떤 용어를 쓰든지 본질은 "외부에서 주어지는 권능을 체험함으로 영적인 새로운 차원에 들어가게

일상생활에서 성령님과 친밀하게 교제하는 비결

된다"는데 있다. 성령께서 권능과 도움을 주시는 것은 반복되는 주입이다. 그러나 하나님의 영이 임하는 것은 영단번적(once-forever, 한 번으로 영원한 것)인 체험이다.

존 스토트는 그의 책 "세례(침례)와 충만"(Baptism and Fullness)에서 이렇게 설명했다.

"세례(침례)는 일회성의 기본적인 체험이다. 충만은 의도적으로 지속해야 그 결과 영구적으로 규정량이 채워지는 체험이다. 세례(침례)는 한 번만 받으면 되는 것으로 되풀이할 수 없으며 소멸하지 않는다. 그러나 충만은 반복해야 하며 필요한 경우에라야 유지된다."
41)

오순절적인 사건의 중요성은 120명의 사람의 삶이 완전히 달라졌으며, 다시는 이전 생활로 돌아가지 않았다는데 있다.

휘튼 대학에서 말년까지 교수를 했던 메릴 C. 테니는 그의 저서 "신약개관"(New Testament Survey)에 그런 변화를 가리켜 이렇게 서술했다.

주 예수 그리스도의 사역과 인류 역사 속에서 지금까지 현존하는 교회 사이의 격차는 실로 엄청나다.

어떻게 고대의 갈릴리와 유다 지역에 살던 그 비루한 자들이 예수님의 제자가 되어 세계적인 인물들이 될 수 있었는가?

도대체 무엇이 주께서 달려 죽으신 십자가 앞에서 겁을 잔뜩 집어먹고 주님을 부인하고 도망했던 겁쟁이들을 당당하게 새로운 신앙을 변증하는 자로 만들었는가?

어떻게 한 때 "학문 없는 범인"(행 4:13)으로 무시되던 전도자들이 세상에 강력한 영향을 끼쳐 완전히 새로운 문화를 창출하여, 서구 문명 전체를 새로운 면모로 탈바꿈하게 하였는가?

어떻게 유대인의 성서에 등장하는 유대인의 메시야를 중심으로 유대인 사이에서 시작한 운동이 오늘날처럼 가장 많은 이방인이 신봉하는 종교가 되었는가? [42)]

그들이 달라진 비결은 무엇인가?

이 질문에 대한 답변을 누가복음과 사도행전을 기록한 의사 출신의 누가가 다섯 마디의 헬라어 단어로 적어 놓았다.

"그들이 다 성령의 충만함을 받고..."(행 2:4).

오순절 날 한자리에 모여 있던 120명 모두 성령의 능력에 사로잡혀 인생이 완전히 달라졌다는 것 외에 달리 뭐라 말할 것이 없다!

물론 21세기에 사는 우리로서는 이에 대하여 몇 가지 질문을 할 수밖에 없다.

이는 다시는 되풀이하지 않는 일회성 사건인가?

오늘날 우리에게도 이같이 인생이 달라지는 권능이 임하는가?

그 자리에 있던 120명과 같이 우리도 배운 적이 없는 다른 언어로 말할 수 있는가?

이런 권능을 오늘날 우리는 어떻게 해야 받는가?

인간의 연약함이 영적 권능으로 대치되었다

수줍음을 타던 자들이 바뀌었고 사람들 앞에서 그리스도를 모른다며 부인하고 도망갔던 자들이 완전히 달라졌다. 용기백배하여 두려움이 사라지고 담대해졌다. 귀신들이 그들의 권세에 굴복했다. 걷지 못하게 된 자가 걸었고, 악한 영들이 그들의 명령에 복종했다. 사람들은 이교사상에서 회심했고, 죽은 자가 살아났으며, 아니나 다를까 극심한 핍박이 그들에게 휘몰아쳐서 많은 사람이 옥에 갇혔고, 결국 예수님과 동거 동락했던 11명의 사도들이 순교했다!(1세기 말엽에 밧모섬에 유배되었던 사도 요한은 예외였다.)

잠시 동안 오늘날 당신이 다니는 교회(어쩌면 부활절과 성탄절에만 출석하는)의 상황과 비교해 보라.

당신은 걷지 못하는 자가 걷게 된 것을 본 적이 있는가?

거짓말하는 것을 사소하게 여기지 않고 기꺼운 마음으로 통 크게 계약을 준수하며 사업하는 사람이 얼마나 되는가?

자칭 "유대인 목수가 고용한 냉정한 네덜란드 사람, 대장장이의 아들"이라고 했던 "하나님의 밀수꾼" 브라더 앤드류 같이 평생을 드려 필요한 사람들에게 성경책을 반포하는 일에 매진하는 자가 과연 몇이나 있는가?

내가 지금 하는 설명과 오늘날의 일반교회를 비교해 보라

오늘날 일반교회는 - 프로그램과 행사에 치중하여 - 성경적 원칙에서 크게 벗어나 있다. 하나님이 뜻하신 기준에서 봤을 때, 상당히 비정상적이고 모여드는 사람들은 마치 서커스를 구경하러 온 자 같기도 하고, 때로 물건 사러 장에 모여든 자들 같다. 성령께서 이런 것 모두를 기뻐하지 않으신다.

또 다른 경우에, 판에 박힌 종교예식과 순서에 따라 돌아간다 (세 번의 입례송, 목회기도, 광고, 지루하다 못해 하품이 나오고 참석자들이 스마트폰으로 주간일정이나 전자우편을 확인하게 하는 설교). 축도를 마치기도 전에, 벌써 여러 사람이 예배당 출구 쪽이나 커피를 마시는 파티오(작은 옥외 공간)를 향해 발걸음을 내민다.

오늘날의 교회를 내가 너무 까칠하게 본 것인가?

내 생각은 그렇지 않다! 50년도 훨씬 넘는 시절에 누군가 다른 사람이 했던 성령님의 사역에 관한 설교 한대목이 떠오른다. 사람들이 성령님이 누구신지 몰라도 너무 모르며, 그분이 우리에게 주고자 하시는 것을 어떻게 받아야 하는지, 또한 더더욱 중요한 것으로서, 성령님이 그 뜻대로 우리를 빚어 만드신다는 것이 무슨 뜻인지, 아예 이해조차 못 하니 이 어찌 이상하지 않은가?

일상생활에서 성령님과 친밀하게 교제하는 비결

오순절에 있던 일과 오늘날의 일반교회를 비교해 보라

"성령의 능력"을 특색 있게 다룬 구절이 하나있다.

예수님은 (누가의 기록에 따르면) 제자들에게 "위로부터 능력으로 입혀질 때까지" 예루살렘에 머물라고 말씀하셨다(눅 24:49). "입혀지다"로 번역한 헬라어(엔듀세스쎄, ενδύσησθε)는 "어떤 사람이나 물건의 성질, 가치, 또는 목적을 덧입는다"라는 상징적인 의미를 지닌 단어이다.[43] 그리고 "능력"(듀나미스, δύναμιν)이라는 단어의 어근에서 영어의 "다이너마이트"(dynamite)가 파생했다.

그러므로 성령으로 충만함을 받은 남성과 여성은 영적으로 삶이 완전히 달라져서, 능히 그들을 옥죄던 습관들을 버리고, 잘못된 인간관계를 청산하며, 심약하거나 두려움 없이 신앙을 전파하고, 영적인 삶을 저해하는 욕정마저 초월하는 삶을 살게 된다.

생활의 변화란 로마서 7장의 삶에서 - "내가 행하는 것을 내가 알지 못하노니 곧 내가 원하는 것은 행하지 아니하고 도리어 미워하는 것을 행함이라"(롬 7:15) - 벗어나서, 로마서 8장의 삶으로 - "예수를 죽은 자 가운데서 살리신 이의 영이 너희 안에 거하시면 그리스도 예수를 죽은 자 가운데서 살리신 이가 너희 안에 거하시는 그의 영으로 말미암아 너희 죽을 몸도 살리시리라"(롬 8:11) - 바뀌는 것이다.

성령충만한 삶이란 무엇인가?

① 성령충만한 삶이란 정상적인 그리스도인의 생활이다.

천주교 교구신부였다가 종교개혁자가 된 마틴 루터의 말이다. "대다수 그리스도인은 자기가 지은 죄에 대한 죄책감을 충분히 느낄 정도로 종교적이지만, 성령님 안에서 인생을 즐겁게 사는 법을 잘 모른다."

이와 똑같은 일이 오늘날도 벌어진다. [44]

성령충만한 삶은 하나님께서 자신의 자녀 개개인을 위해 준비해 놓으신 생활이다. "물위로 걷던" 사람이나 주가 쓰시려고 택한 그릇 등 소수의 몇 사람을 위한 것이 아니다. 문제는 오늘날 일반 그리스도인이 하나님이 바라시는 정상적인 수준에 훨씬 못 미치는 보통 이하의 삶을 살기에 그 비정상성의 정도가 남들과 비교했을 때 과도할 만큼 심하다는데 있다.

A. W. 토저는 이것을 간단명료하게 기술했다.

"성령충만한 삶은 기독교의 무슨 최고급 특별판이 아니다. 그것은 하나님께서 자기 백성을 위해 세워 놓은 전체 계획의 일부이며 조각이다." [45]

대학생 선교회(지금은 CRU라고 함)의 창설자 빌 브라이트는 그의 저서 "성령"(The Holy Spirit)에서 텍사스 주에 있는 예이츠 푸울이라 불리는 한 유명한 유정에 얽힌 일화를 소개한다.

일상생활에서 성령님과 친밀하게 교제하는 비결

아이라 예이츠는 유정이 있는 그 땅을 처음에는 양을 방목하기 위해 샀다. 황량하고 적막한 텍사스의 초지에 양을 풀어놓고 키우면서 예이츠는 자기가 왜 그러한 땅에 돈을 들였는지 후회하며 지내야 했다.

그러다가 예기치 못한 일이 터졌다!

그 지역을 탐사하던 한 정유회사의 지질조사팀이 예이츠에게 그 마르고 잿빛이 도는 대지 표층 아래에 석유가 묻힌 것이 틀림없다고 알려왔다. 예이츠가 생각했다.

"손해날게 뭐가 있어?"

그는 미소 지으며 정유회사가 석유를 시추하도록 허락하는 계약서에 서명했다.

시추공이 340m까지 파 내려가자 하루 산출량이 80,000배럴이나 하는 거대한 유정이 터졌다. 그것은 단지 시작에 불과했다! 그동안 재산이란 재산은 모조리 들어먹고 국고보조금을 받아 근근이 생계를 유지해야 했던 예이츠는 사실 그동안 그 믿을 수 없는 거대한 양의 석유가 매장된 미지의 땅에 앉아서 뭉갰던 것이다. 그는 정말로 그곳에 유정이 있는 줄 몰랐다.

브라이트는 예이츠의 사례를 들며 수많은 사람이 "하나님이 준비해 놓으신 그 어마어마한 자원을 모른 채, 낙담과 실패 속에 아무런 성과 없이 영적으로 궁색하게 산다"고 말한다.

런던에 있는 웨스트민스터 채플에서 다년간 담임목사로 목회하던 G. 캠벨 몰간은 "성령으로 충만하지 않은 사람들이 많다니 이

얼마나 개탄스러운 사실이 더냐 말이다"라고 했다.[46] 이는 비단 몰
간 혼자만의 식견이 아니다. 아마도 양식 있는 목사라면 대부분
"본인을 위시하여!"라고 운을 떼면서 똑같이 말할 것이다. 부도덕성
이나 치정 사건으로 교회를 사임하는 목사 가운데 성령충만한 사
람은 하나도 없다. 성령충만 했더라도 일단 육욕에 사로잡히면 죄
가 비집고 들어와 자리를 차지한다.

②성령충만한 삶이란 분명하고 이성적인 상태이다.

루벤 A. 토레이는 19세기 말에 복음주의 계에서 별과 같은 존재
였다. 예일대학 신학부 출신인 그는 유럽에서 대학원을 마치고 시
카고에 와서 드와이트 L. 무디와 협력했다. 다년간 무디 성경 학원
의 전신에서 원장을 하다가 새롭게 품은 뜻이 있어 캘리포니아 주
로 이거하여 바이올라 대학교의 초대학장이 되었다. 그와 동시에,
토레이는 그 유명한 열린문 교회를 개척했다.

토레이는 성령충만이란 "자기 자신이 그것을 받았는지 분명하게
알 수 있는 체험"이라고 믿었다. 이 책 뒷부분에 토레이가 성령님을
만나서 인생이 완전히 바뀐 체험을 좀 더 상세하게 적어 두었다.

중국 선교사 허드슨 테일러는 당신이 성령충만한 그리스도인지
는 당신의 배우자가 알고, 자식이 알고, 심지어 키우는 개나 고양이
가 안다고 말했다.

초대교회 내부에서 헬라파와 히브리파 그리스도인 사이에 갈등
이 생기자, 성령충만한 사람들을 중재자로 선발했다. 누가의 기록

이다.

"그 때에 제자가 더 많아졌는데 헬라파 유대인들이 자기의 과부들이 매일의 구제에 빠지므로 히브리파 사람을 원망하니 열두 사도가 모든 제자를 불러 이르되 우리가 하나님의 말씀을 제쳐 놓고 접대를 일삼는 것이 마땅하지 아니하니 형제들아 너희 가운데서 성령과 지혜가 충만하여 칭찬 받는 사람 일곱을 택하라 우리가 이 일을 그들에게 맡기고"(행 6:1~3).

그들은 어떻게 그 일곱 사람이 삶을 변화시키는 성령님을 만난 자란 것을 알았을까?

간단히 말해서, 성령충만한 사람의 기준은 무엇인가?

성령충만한 신자의 표시

(1) 성령충만한 신자는 남을 사랑한다.

사람이 성령으로 충만하다는 첫 번째 명백한 증거는 특별히 "사랑할 수 없는 사람"까지 포함하여 다른 사람을 사랑하는 능력이다. 상대방을 향해 궁색하기 그지없다거나 "나와 수준차를 느낄 정도로 교양이 없고, 타 문화권에서 굴러먹다 온 형편없는 사람"이라고 깎아내리던 자가 그런 건방지고 오만한 태도 대신에 사랑과 깊은 동정심을 가지고 산다. 그 "이전"과 "이후"의 확연한 차이를 사람들이 알아차린다. 달라진 인생의 출발점은 삶을 변화시키는 성령님과의 만남이다.

약 200년 전에 조나단 에드워즈는 무엇이 교회를 천국같이 만드는지 깊은 고민을 했다. 그의 답은? 사랑이었다!

D. A. 카슨은 그의 책 "성령이 나타나다"(Showing the Spirit)에서 이렇게 말한다.

"천국이 우리의 영역에 들어왔다는 것, 즉 성령님이 우리에게 임하셨다는 것, 그래서 완성중인 천국의 시민권을 확보하였다는 것의 가장 큰 증거는 그리스도인의 사랑이다." [47]

(2) 성령충만한 신자는 그리스도를 닮은 태도와 인격을 지닌다.

필리핀에서는 대개 아이들이 행상을 하는데, 신호대기 중인 자동차들 사이를 날쎄게 넘나들면서 담배, 사탕, 지프니 운전사가 이마에 땀을 닦을 때 사용하는 수건을 판다. 내가 여러 해 동안 살던 마닐라에서 한번은 어떤 꼬마 행상이 차량을 스쳐 지나가려다가 물건을 모두 바닥에 쏟고 말았다. 인도에 서서 그 장면을 지켜보던 한 상인이 자동차가 물건들을 밟고 지나가는 바람에 차량 사이를 재빠르게 누비며 몇 페소 벌어보겠다는 꼬맹이의 희망이 사라졌다는 것을 알았다. 한낱 거리의 아이인 자기를 돕겠다는 소리에 놀란 그 꼬마는 올려다보며 물었다.

"예수님이세요?"

일상생활에서 성령님과 친밀하게 교제하는 비결

예수님을 닮은 그러한 태도는 파리에 있는 여자 교도소에 방문한 어떤 부인에게서도 볼 수 있다. 수용실 침대에 누워있는 불결하고 단정치 못한 수감자에게 다가가서 인사를 건네자 경멸하듯 돌아누우며 무시했다. 주님을 믿는 그 부인은 수감자의 그런 태도에 개의치 않고 그녀 너머로 몸을 구부리며 이마에 억지로 키스를 했다. 그 수감자는 머리를 고였던 주먹을 빼서 자기를 치며 펑펑 울면서 소리쳤다.

"수년간 아무도 내게 키스해 준 사람이 없었어요. 나를 범하고, 이용해 먹고, 폭행했지 키스해 준 사람이 없었단 말이에요!"

그리스도를 닮은 태도는 다양한 방식 – 빈민구제, 무능력자 지원, 무료배식, 파산자 회생, 홀몸노인 돌보미 등 – 으로 표출된다. 매우 평범한 사람들을 사용하여 성령님을 통해 예수님이 하시는 일이다.

(3) 성령충만한 신자는 하나님의 말씀에 순종한다.

하나님의 말씀인 성경을 개인 삶의 "청사진"으로 삼기 위해 애쓰는 것은 외형의 문제가 아니라 내면의 진정어린 마음에 달렸다. 사도들이 체포되어 유대인 공회에 끌려갔을 때, 베드로는 담대하게 "우리는 사람이 아니라 하나님께 순종해야 한다"고 주장하면서 한걸음 더 나아가 당신들이 십자가에 못 박아 죽인 그리스도를 하나님이 다시 살리셨다고 증언하며 이렇게 말했다.

"우리는 이 일에 증인이요 하나님이 자기에게 순종하는 사람들에게 주신 성령도 그러하니라 하더라"(행 5:32).

육신적인 남녀는 육체의 소욕으로 산다. 그렇지만 성령충만한 사람은 고의로 짓는 죄와 악행에서 자유 하는 삶을 산다.

개인적으로 하나님의 말씀과 반대되는 삶을 살 때, 성령님은 근심하신다. 주일마다 꼬박꼬박 교회에 출석하고 성경 공부 모임에도 자주 나간다는 이유로 자신이 "그리스도인"이라고 여길 수 있겠지만, 그렇다고 그것이 곧 성령충만한 신자는 아니다!

(4) 성령충만한 신자는 하나님의 구원하시는 능력을 증언한다.

오늘날 대다수 사람의 삶에 복음전파가 없다는 것은 각자의 삶에 성령이 안 계신다는 뜻이다.

성령충만한 신자는 정신적으로 "만약에 내가 예수 그리스도를 전한다면 남들이 어떻게 여길까?"라는 생각을 하지 않는다. 우리가 만일 그리스도를 구주를 영접하지 않으면 멸망한다는 것을 실제로 믿는다면, 우리가 상대에게 선사할 수 있는 가장 귀한 선물은 우리의 믿는 바를 함께 나누는 것이다. 우리는 너무도 자주 예수님이 우리에게 말씀하신바 오직 성령이 임하시면 우리가 권능을 받고 예루살렘에서 시작하여 땅 끝까지 이르러 증인이 된다는 것을 잊고 산다.

무신론자 펜 질렛이 대놓고 했던 말이 있다. 그에게 신약을 알려주었던 어떤 사람의 생활방식에 관련한 얘기이다.

"상대를 개종시키지 못하는 사람을 나는 존경하지 않는다. 눈곱만큼도 존경하지 않는다. 천국과 지옥이 있다고 치고, 어쨌든 믿지

일상생활에서 성령님과 친밀하게 교제하는 비결

않으면 사람이 지옥에 가거나 영생을 얻지 못한다고 하자, 그렇다면 그것이 사람들 앞에서 우물쭈물하며 진짜라고 말하지 못할 일이 아니다....얼마나 다른 사람들이 영생 얻는 것이 싫었으면 그렇게 말도 못하고 머뭇거리겠는가?"[48]

(5) 성령충만한 신자는 자기가 받은 영적 은사를 활용한다.

고린도인에게 했던 바울의 교훈에 따르면 모든 신자는 영적 은사 또는 선물을 받으며, 그러한 은사의 목적은 단순히 영적인 수준을 높여주려는 것이 아니라 온전히 갖추어 하나님의 일을 잘하게 하려 함이다. 바울은 로마서를 통해 오늘날 우리에게 이렇게 권면한다.

"우리에게 주신 은혜대로 받은 은사가 각각 다르니 혹 예언이면 믿음의 분수대로, 혹 섬기는 일이면 섬기는 일로, 혹 가르치는 자면 가르치는 일로, 혹 위로하는 자면 위로하는 일로, 구제하는 자는 성실함으로, 다스리는 자는 부지런함으로, 긍휼을 베푸는 자는 즐거움으로 할 것이니라"(롬 12:6~8).

고린도전서에서 바울은 여러 종류의 은사를 열거하면서 우리가 각각 받은 은사는 하나님의 뜻에 의한 것이란 사실을 강조한다. 그는 결론적으로 이렇게 말한다.

"이 모든 일은 같은 한 성령이 행하사 그의 뜻대로 각 사람에게 나누어 주시는 것이니라"(고전 12:11).

새미 하모크는 케냐에 있는 어떤 교회에 가서 전도했던 전형적인 캘리포니아 젊은 여성이다. 케냐에 있을 때, 그녀가 작은 상점에서 물건을 사러 들어갔는데 서럽게 우는 아이의 소리가 들렸다. 새미가 상점 주인에게 이유를 물었더니, 그가 마지못해 하며 계산대 밑에서 기형으로 생긴 작은 어린이가 들어가 있는 마분지 상자를 당겨서 내보였다. 대중 앞에 아이를 보이고 싶지 않아서 그랬던 모양이다.

새미는 즉시 그 아이에게서 매일 엄마가 일하러 나간 사이에 많은 시간동안 방치된 상태로 용변도 못 보고 먹지도 못하는 장애아동이 상당히 많다는 것을 직감했다. 게다가 사회가 숨기고 있는 그렇게 마름병에 걸린 말 못하는 아동이 한둘이 아닌 것 같았다.

"나와 무슨 상관이야?"라고 말하는 대신에, 새미의 심장은 격하게 뛰었다. 그녀는 미국으로 돌아와 정신 장애 아동 치료에 관한 두 개의 학위를 취득한 다음 케냐로 귀환해서 장애아동을 위한 집과 센터를 개설했다.

최근에 나의 딸, 보니가 케냐에서 새미와 함께 지냈는데, 중증의 한 아이가 새미에게 실려 왔다. 새미는 다짜고짜 그 아이를 품에 안더니 "이 아이는 간질이에요"라고 말했다. 잠시 후, 그 아이가 간질 발작을 일으키자, 그녀의 진단이 맞았다는 것을 알았다. 성령께서 종종 그녀에게 통찰력을 주셔서 그녀가 돌봐야 할 아동들의 필요가 무엇인지 – 석사 과정에서 한 번도 배운 적이 없는 것까지 – 알게 하시므로 새미는 재빨리 이런저런 지시를 내리기도 한다.

③ 성령충만한 삶은 일회성 사건이며 동시에 과정이다.

앞에서 언급했다시피, 예수께서 제자들을 향하여 숨을 내쉬며 이르시되 "성령을 받으라"(요 20:22)고 했는데, 이 말씀의 헬라어 시제가 부정 과거이므로 "지금 당장!"이라는 의미이다.

그런데 바울이 에베소인에게 했던 성령으로 충만함을 받으라는 교훈은 명령의 뜻이 담긴 현재 시제로서(내가 알기론 영어로는 제대로 뜻이 통하지 않는다), 반드시 그렇게 하라는 강한 명령이다. 이는 "성령으로 충만함을 받은 상태를 계속 유지하라"는 의미이다. 일단 한번 경험했으면 다시는 되풀이하지 않는다.

물론 베드로는 누가가 사도행전 2장에서 기록한 대로 오순절에 성령으로 충만함을 받았다. 그 후 베드로는 그저께 체험했던 일로 담대해진 상태에서 성전 문에서 구걸하던 걷지 못하는 사람이 어떻게 하나님의 능력으로 고침을 받았는지 설명했다. 이는 종교기관에 편안하게 앉아서 벌어진 일이 아니었다.

이튿날 대제사장 안나스와 가야바와 요한과 알렉산더 및 "대제사장의 문중이 다 참여"하는 고위급 종교인의 공회가 열렸다(행 4:6). 베드로를 체포하여 그들 앞에 끌어다 놓고 심문을 했는데 그 다음에 무슨 일이 벌어졌을까?

"너희가 무슨 권세와 누구의 이름으로 이 일을 행하였느냐?"라며 그들이 대답을 요구했다. 베드로는 위기에 봉착했다. 그는 상황이 매우 심각하다는 것을 충분히 알았다. 그러나 하나님도 또한 그것을 알고 계셨다.

성령께서 베드로에게 부족한 것을 채워주셨다. 누가는 "이에 베드로가 성령이 충만하여..."라고 기록하며 이렇게 말했다고 결론을 맺는다.

"하나님 앞에서 너희의 말을 듣는 것이 하나님의 말씀을 듣는 것보다 옳은가 판단하라 우리는 보고 들은 것을 말하지 아니할 수 없다"(행 4:8, 19~20).

사도들이 풀려난 후 그 동료에게 가서 한마음으로 하나님께 소리 높여 구하기를 계속해서 병을 낫게 하고 표적과 기사가 이루어지게 해달라고 할 때, 베드로가 성령으로 충만한 상태라는 것이 또다시 한번(세 번째로) 거론된다.

"빌기를 다하매 모인 곳이 진동하더니 무리가 다 성령이 충만하여 담대히 하나님의 말씀을 전하니라"(행 4:31).

새로운 도전이 생길 때마다 번번이 성령으로 충만했다는 말씀이 새롭게 등장했다. 베드로만 성령으로 충만했던 것이 아니라 그와 함께했던 모든 사람도 그러했다.

이번 장을 읽는 독자 중에 기혼자가 있다면 남편이나 아내와 혼인을 통해 하나로 연합했던 그 즐겁고 좋은 시절을 회상해 보라. 결혼은 다시는 반복해서는 안 되는 단 한 번의 경험이어야 한다는 사실에 동의하는가?

신성한 결혼의 신비로움은 "하룻밤의 경험"이 아니다. 지속적인 협력과 교제가 해를 거듭할수록 더욱 깊어지고 의미심장해진다. 하나님이 넉넉히 부어주시는 성령의 충만함도 그와 같다. 마치 부부가 함께 살림을 하다 보면 재정적, 육체적, 사회적, 또는 여타 예상치 못한 부분에서 여러 색다른 일을 겪듯이 성령충만한 삶에도 변화가 따른다.

스코필드 주석 성경(한때 그 신학적 깊이에 나의 입이 쩍 벌어졌던 책)을 만든 법률가 출신의 C. I. 스코필드는 "성령으로 충만함은 일회성 행동이며 동시에 일련의 과정이다. 즉 한 번만 있는 사건이며 일평생 지속한다"라고 말했다. 성령충만은 목표나 목적이 아니라 하나님이 차려주신 영적으로 일용할 양식이다.

④ 하나님의 영으로 충만함은 영적 권능을 얻는 비결이다.

성경에서 똑같이 성령충만이라고 번역한 헬라어 단어는 두 종류이다. 왜 성경 기자들이 "충만"을 가리키는 두 가지 다른 단어를 사용했을까? 가끔은 헬라어 단어의 뜻이 다른 언어로는 묘사가 잘 안 되는 경우가 있다.

첫 번째 단어는 "플레레스"(πλήρης)인데, 이것은 단순히 물 주전자를 가져다가 컵에 물을 채우는 것을 뜻한다. 이 단어를 신약에서 성령의 충만을 묘사하는데 12번 사용하였다.[49]

두 번째 단어는 "플레류스쎄"(πληροῦσθε, 이 또 채우다로 번역함)인데, 사도행전 13장 52절과 에베소서 5장 18절에 나온다. 그런데 이 단어는 어떤 것이 빠져 나가거나, 모자랄 때 필요한 만큼 채워서 완전히 꽉 채우는 것을 의미한다.[50]

이렇게 가정해 보자. 요리사가 케이크를 만들려고 재료를 배합하는데 휴대전화 벨소리가 울린다. 잠시 통화를 하고 일을 다시 시작하는데, 문득 베이킹파우더를 빼놓고 배합했다는 것을 깨닫는다. 그래서 그 빠진 재료를 채워 넣는다.

사도행전 13장52절의 기록이다.

"제자들은 기쁨과 성령이 충만하니라."

사도행전 13장52절 말씀 이전의 처음 상황은 어떠했는가?

바울과 바나바가 비시디아 안디옥에서 복음을 전파하는 중이었다. 두 번째 안식일에 이러했다.

"온 시민이 거의 다 하나님의 말씀을 듣고자 하여 모이니 유대인들이 그 무리를 보고 시기가 가득하여 바울이 말한 것을 반박하고 비방하거늘"(행 13:44~45).

그 시점부터 모든 일이 힘들어졌다. 유대인들의 박해가 심해지자 그 지역을 떠나야 했다.

무엇이 빠져나갔을까?

보나마나 안정감과 기쁨이다! 그러나 육체에 성령으로 채워지니 박해에 직면해서도 하나님이 주관하신다는 마음과 평안함이 차오르고, 용기백배하여 힘차게 발의 먼지를 탁탁 털어내고 이고니온을 향해 갔다.

그 두 번째 단어가 사용된 것은 바울이 에베소인에게 쓴 편지에서 이렇게 명령하는 대목에서이다.

"성령으로 충만함을 받으라"(엡 5:18).

바울이 이 단어를 사용한 것은 그들에게서 무엇인가 빠져나간 것이 있다는 점을 지적한 것이다. 그는 에베소서 앞부분에서부터 영적으로 결핍한 것들을 거론했다.

어떤 이들은 단순히 "낙심"하여 용기를 잃었다(3:13).

어떤 이는 그리스도 안에 부르심을 받은 일에 합당하게 행하지 않는다(4:1)

남편들과 아내들이 하나님이 정하신 각자의 역할을 이해하지 못하고 있다(5:22~29).

종들과 그 상전들이 다투고 있기에, 바울은 상전들에게 종들에게 위협을 그치라고 말한다(6:5~9).

바울은 성령으로 "충만함"이란 동사를 사용하여 빠져나간 것들을 개선하여 그 부족하게 된 것을 완전하게 채워야 한다고 말한 것이다.

이는 오늘날 우리의 삶에도 그대로 적용할 수 있다.

2세기에는 무엇인가 빠져나갔다는 뜻을 가진 그 단어를 돛을 달고 항해하는 범선에 사용하였다. 바람이 없으면 배가 아무데도 가지 못하고 물에 그대로 떠 있다. 그때 바람이 불면 돛이 부풀어 오르며 추진력이 생겨 배가 물살을 가르며 움직이기 시작하여 바라던 목적지를 향해 나아간다.

많은 부분에서 적용할 수 있지 않은가?

숱하게 많은 사람이 그리스도의 몸인 교회에 모여 있지만, 바람이 없어 물위에 가만히 떠 있는 돛단배처럼, 영적으로 무기력하며, 죄에 사로잡혀 영적으로 기를 펴지 못한다.

무엇이 부족한가?

하나님의 영의 숨결, 곧 성령으로 충만해야 곤경에 빠진 결혼 생활의 쓴 뿌리가 뽑히고, 성령님이 주시는 기쁨이 생긴다. 그렇다, 성령충만이 절대적으로 필요한 이유는 그래야 세상을 다르게 만들기 위해서 하나님이 선사하신 영적 은사나 선물을 사람들이 활용할 수 있기 때문이다.

성령으로 충만함을 받아야 할 허다한 남녀가 세계 곳곳에서 기꺼이 지갑을 열어 분에 넘치도록 헌금하는 것(이런 헌금에는 특별한 축복이 보장됨)은 고사하고, 대신에 대형교회에 앉아서 전공자가 연주하는 곡이나 즐기고 기분을 좋게 하는 설교나 들으며, 집에 와서는 다음 주까지 마땅히 살아야할 신선한 선교적 삶은 까맣게 잊고 지낸다.

절대적으로 필요한 것은 사람들에게 결핍된 것을 채워주는 성령의 충만함이다(당신도 그들 중에 있는가?).

⑤ 하나님의 영으로 충만함은 행복한 가정의 비결이다.

오늘날 일반 그리스도인의 가정을 보면, 뭔가가 좀 이상하다는 생각이 든다. 이는 더는 남의 가정의 일이 아니다. 종종 우리 가정의 모습이다. "그냥 사는 삶"과 "반드시 그래야만 하는 삶"(우리가 성령으로 충만할 때) 사이에는 현격한 차이점이 있다.

● 우리는 서로 사랑해야한다는 것을 안다.

그러나 때때로 우리는 서로를 심지어 좋아하지도 않는다.

● 우리는 그리스도가 교회를 사랑하시는 것처럼 남편은 자기

아내를 사랑해야 하며, 아내는 경건한 남편의 지도력에 순종해야 한다는 것을 안다. 그러나 이기심과 음란함과 욕정이 우리의 삶에 종종 나타난다.

●우리는 성령의 열매를 매일의 만나로 삼아야 한다는 것을 안다.

그러나 우리는 너무도 자주, 화를 내고, 스트레스를 받으며, 영적인 일에는 별로 신경을 쓰지 않고 지낸다.

●우리는 말씀을 읽고 타인에게 증언해야 한다는 것을 안다.

그러나 우리는 영적인 열등감에 위축되어 침묵한다.

●우리는 하나님의 뜻에 순종하며 살아야 한다는 것을 안다. 그러나 너무도 자주 말씀의 교훈과 또한 우리 양심의 요구를 무시한 채, 죽어라 불순종한다.

다음 편지는 믿음과 실천의 그런 이중성이 반영되어 있다.

●편지 1 : 여섯 달 전, 32세의 남편은 아주 어린 여자가 생겼다며 나와 결별하면서 그녀는 "내가 항상 바라던 완벽한 여자"라고 했어요. 이런 일이 있기 전에 그는 주일 학교 부장도 했고, 수석 안내위원도 했어요. 주일에 교회를 빠지면 안 된다면서 다른 계획은 세우지도 않았고요. 과거 10년 동안 나는 세미나 반에서 성경 공부를 했어요. 우리는 이제 이혼을 했지만, 남편은 그래도 세상이 잘 돌아간다고

믿고 있어요. 저를 위해 기도해 주시면 고맙겠어요.

편지 2 : 남편에게 버림받았어요. 이혼을 계속 강요하네요. 결혼한 지 5년이 되었는데 4살, 3살, 1살배기 아들만 셋 낳았어요. 짐과 나는 거듭난 그리스도이랍니다. 우리는 교회 활동도 매우 잘했고, 가족끼리도 친하게 잘 지냈어요.

이 두 여인이 표현한 심적 고통은 세계 전체에 걸쳐 점점 그런 사례가 늘어나는 추세이다.

기독교 지도자들의 삶은 너무도 흔하게 "고린도인"의 이중성을 닮아있다. 어떤 친구가 묻는다.

"그 얘기 들었어...?"

당신은 헉 하고 숨을 쉬며 반응한다.

"응! 목사가 그럴 줄 몰랐어!"

어떻게 성령충만은 결혼과 가정에 도움이 되는가?

부부가 하나님의 영으로 충만하면 행복을 가정 밖에서 추구하는 문화풍조를 따르는 대신에 결혼 생활이 잘되기를 원한다.

오랫동안 결혼과 가정의 권위자로 활동했던 미국인 가족 관계 연구소(American Institute of Family Relations)의 설립자 폴 포페노 박사는 "만일 두 사람이 성공적으로 결혼생활을 영위하려는 마음이 있다면, 얼마든지 그렇게 할 수 있다. 만일 관심이 없다면, 시도조차 하지 않는다"라고 말했다. 결혼 생활에 위기가 닥치면(인생을 살다

보면 그렇다), 성령님은 어려움에서 도망치지 않도록 그것을 헤쳐 나
갈 수 있는 추진력을 주신다.

한 개인에게 내주하시는 성령님은 이혼이나 파탄의 원인이 되는
여러 가지 인격적 결함을 바로잡아 주신다. 바울은 우리에게 있는
그런 결점들을 열거한다.

"육체의 일은 분명하니 곧 음행과 더러운 것과 호색과 우상 숭배와
주술과 원수 맺는 것과 분쟁과 시기와 분냄과 당 짓는 것과 분열함과
이단과 투기와 술 취함과 방탕함과 또 그와 같은 것들이라"(갈
5:19~21).

유의미한 부부간의 사랑과 만족의 비결은 바로 성령님이시다.
비종교적인 어떤 연구소에서 수천 명의 여성을 대상으로 한 여론
조사에서 배우자에 대한 성적 만족도가 그리스도인 여성에게서 비
그리스도인 여성보다 훨씬 더 큰 것으로 나타났다.

하나님의 영으로 충만하면 주님은 물론이거니와 함께 사는 사
람들을 잘 헤아리는 세심한 배려심이 생긴다.

하나님의 뜻을 행하려는 욕구는 성령께서 역사하신 결과이다.

끝으로, 다른 것과 마찬가지로 중요한 것은, 하나님의 성령이 내
주하시면 성령의 열매를 맺는다.

갈라디아의 식구들에게 편지를 쓰면서, 바울은 육체의 소욕(비
기독교적인 세상 문화)과 성령충만한 생활(성령의 열매를 맺게 함)을 대조하

였다.

바울은 이것을 기록할 때, 성령충만한 생활을 아홉 가지 성질이나 태도로 묘사했다. 그가 "성령의 열매"라고 했을 때, 이것은 단수이다. 그는 성령의 아홉 개의 "열매들"이 있다고 말하지 않고, 대신에 성령의 영향력과 사역이 아홉 가지 형태로 나타난다고 한 점에 유의해야 한다.

사랑, 희락, 화평
오래 참음, 자비, 양선
충성(또는 믿음), 온유, 절제

틀림없이, 바울은 이 말씀을 기록하면서 마음에 고린도인들에게 했던 권면을 떠올렸을 것이다. 가장 먼저, 바울이 했던 명령에 주목하자.

"성령으로 충만함을 받으라"(엡 5:18).

이 말씀에서 네 가지를 봐야한다.

●그것은 명령이다. 권면이거나 "이렇게 하면 당신에게 좋은 것이다"가 아니다. 존 스토트의 말이다.

"우리에게는 본문을 에워싸고 있는 윤리적 의무에서 벗어날 약간의 자유조차 없다. 예를 들어, 진리를 말하고, 정직하게 행하고, 서로 친절을 베풀며 용서하고, 순결과 사랑의 삶을 살아야 하는 그런 의무 말이다. 성령충만은 그리스도인의 선택이 아니라 필수이다."[51]

●이것은 본문을 읽은 모든 그리스도인 뿐 아니라 장차 믿게 될 이후 세대의 사람에게도 적용된다.

●이 명령이 현재 시제로 된 것은 우리가 "성령으로 충만함을 받은 상태를 계속 유지해야 한다"는 의미이다.

●끝으로, 수동태로 된 것은 이런 은혜의 역사를 행하시는 분은 바로 성령님이란 뜻이다.

성령으로 충만함을 받으라는 명령을 순종하려면 어떻게 해야 하는지 몇 가지 지침이 있다. 이는 헬라어 원문으로 볼 때 더욱 확실해진다.

"그러므로 어리석은 자가 되지 말고 오직 주의 뜻이 무엇인가 이해하라 술 취하지 말라 이는 방탕한 것이니 오직 성령으로 충만함을 받으라 시와 찬송과 신령한 노래들로 서로 화답하며 너희의 마음으로 주께 노래하며 찬송하며 범사에 우리 주 예수 그리스도의 이름으로 항상 아버지 하나님께 감사하며 그리스도를 경외함으로 피차 복종하라"(엡 5:17~21)

본문에서 제일 중요한 동사는 "성령으로 충만함을 받으라"이다. 이를 위해 네 가지 행동 지침을 차례로 열거해 놓았다.

나무를 생각하면 된다. 나무의 몸통은 "성령으로 충만함을 받으라"이다. 그리고 그 나무에 네 개의 가지가 돋아나 있다(말할 필요도 없이 양분과 생명의 진액은 나무로부터 공급받는다). 화답하고, 노래하며 찬송하고, 감사하고, 복종해야 한다.

① 서로 화답하며 - 그것은 소통이다.

결혼 상담가이며 저자인 H. 노만 라이트는 소통은 행복한 결혼생활의 열쇠라고 확신한다. 그는 100% 옳다! 성령충만한 남편과 아내는 자기 생각과 감정을 서로 탁 터놓고 자유롭게 나누어야 한다. 기억하라. 바울은 에베소서 서문에서 하나님의 뜻을 모르게 하지 않고 알게 하려 한다면서 소통하는 가운데 권면하였다.

② 너희의 마음으로 주께 노래하며 찬송하며 - 그것은 맡김의 결과이다.

어려운 환경에서조차 마음에서 노래가 나올 수 있는 유일한 비결은 당신이 먼저 진심으로 인생의 주도권을 주인이신 주님에게 모두 맡기는데 있다. 아마 당신은 바울과 실라가 빌립보 감옥에 갇혔을 때 하나님을 찬송했던 일을 기억할 것이다.

③ 모든 일에 항상 감사하며 - 감사하는 태도

바울이 빌립보 사람들에게 편지를 보낼 때의 상황을 알면, 그가 쓴 서신의 중요성을 이해하는데 도움이 될 것이다. 바울은 지중해의 해변에서 손에 음료수 잔을 들고 그의 생각을 비서에게 받아 적도록 하지 않았다. 그는 로마에서 변덕이 죽 끓듯 하는 독재자로 인하여 미래가 불투명한 가운데 가택에 연금된 상태였다.

때로 사람들은 바울의 "범사에 감사하라"말에 탐탁지 않은 표정을 짓지 않는가? 맞다. 모든 환경을 주관하시는 이는 황제도 고위 관직자도 아닌 바로 하나님이시다. 하나님의 자녀에게 일어나는 모든 일은 아버지의 손가락을 통해 걸러진다는 것을 깨달아야 한다.

④ 피차 복종하라 – 신뢰하며 교제하는 능력

이와 관련하여, 첫째, 바울은 남편과 아내 사이에 서로 복종하라고 충고한다(엡 5:21 참조). 그리고 유비를 사용하여, 교회가 그리스도께 복종하듯이, 아내는 자기 남편에게 복종해야 한다고 말한다. 남편은 그리스도께서 교회를 사랑하신 것처럼 자기 아내를 사랑해야 한다.

결혼 초기에 나는 "그리스도께서 교회를 사랑하신 것처럼 아내를 사랑하라는 말씀대로 사는 것이 힘에 겨웠다. 왜 그랬을까? 문제는 달린이 아니라 나 자신에게 있었다. 나는 인간이다.

내가 어떻게 이것을 하는가?

그러다가 하나님은 불가능한 요구를 하지 않으신다는 것을 깨닫고, 나는 예수님이 교회를 어떤 식으로 사랑하셨는지 분석하기 시작했다. 교회를 위한 그리스도의 사랑은 무조건적이었으며, 토 달지 않고 결점투성이의 개인에게 그가 필요한 것을 제때에 아낌없이 주셨다는 것을 깨달았다. 그것은 절대로 "네가 나를 사랑하면 나도 너를 사랑할게"라는 식의 관계가 아니었다. 우리 남자들도 자기 아내를 이런 식으로 사랑하면 되지 않을까? 단연코, 예수님의 사랑을 제대로 이해하는 데는 희생이 따르게 마련이다.

크레이그 키너가 쓴 "성령에 관련한 세 가지 매우 중요한 질문"(3 Crucial Questions about the Holy Spirit)에 나오는 내용이다.

"우리 사회에서, 많은 청소년이 아직 크기도 전에 아기를 낳을 수 있는 어른이 되려 하고, 무슨 힘이든 책임지고 타인을 섬기기 위한 것인데 오히려 남을 지배하려고 힘을 가지려 하며, 여성을 존중하고, 소중히 여기고, 대접하기보다는 범하려 한다. 인류 역사 전반에 걸쳐, 힘을 가진 자들은 다른 사람을 압제하다가 대개 자기 또한 그 힘으로 무너졌다. 성령충만한 남편은 사랑하는 마음으로 아내를 위해 자기 삶을 바닥까지 내려놓고 그녀를 섬겨야 한다." [52]

복종의 문제는 사람들이 이해를 잘 못 하는 부분이다.

심신이 불완전한 남자들이 지속해서 그것을 남용하여 자기 아내를 지배하려는 빌미로 삼는다. 예수님은 단 한 차례도 교회와 그런 관계를 맺지 않으셨다. 이 문제는 어떻게 그리스도께서 교회를 사랑하셨는지 이해해야 풀린다.

"복종"이라는 말은 문자적으로 "아래에 있다"라는 의미인데, 그것은 군대의 지휘체계에서 사용하는 용어였다. 이는 지배가 아니라 전적으로 지도력의 문제이다.

앰브로스 비어스는 이 단어를 결혼 생활에 잘 적용하여 이렇게 말했다. 복종이란 "두 사람에게 모두 해당하는 말로서 한 명은 남자주인, 다른 한 명은 여자 주인, 그리고 둘 다 종"이란 뜻이다.

[주]

40.

41. John Stott, Baptism and Fullness (Downers Grove, IL: InterVarsity Press, 1964), 62.

42. Merrill C. Tenney, New Testament Survey (Grand Rapids, MI: Wm. B. Eerdmans Publishing Co., 1981), 229.

43. William F. Arndt and F. Gingrich, A Greek-English Lexicon of the New Testament (Chicago, IL: The University of Chicago Press, 1959), 263.

44. Sherwood Eliot Wirt가 인용한 Martin Luther, op. cit. 23.

45. "18 Beautiful Quotes about the Holy Spirit," Christian Quotes, 검색일 2016년 6월 3일, http://www.christianquotes.info/top-quotes/18-beautiful-quotes-holy-spirit/#ixzz4CAiAWOuP

46. George Campbell Morgan, The Spirit of God (New York: Fleming H. Revell, 1900), 227.

47. D. A. Carson, Showing the Spirit (Grand Rapids, MI: Baker Academic, 1987), 76.

48. Larry Taunton, The Faith of Christopher Hitchens (Nashville, TN: Thomas Nelson, 1916), 181.

49. 눅 1:15 / 눅 1:41 / 눅 1:67 / 눅 4:1 / 행 2:4 / 행 4:8 / 행 4:31 / 행 6:3~5 / 행 7:55 / 행 9:17 / 행 11:24 / 행 13:9 / 행 13:52.

50. Stewart Custer, "신약의 동의어 의미론"(Semantics of New Testament Synonymy)(미출간 논문, Bob Jones University, Greenville, SC, 1966), 111-116.

51. John Stott, Baptism and Fullness (Downer's Grove, IL: InterVarsityPress, 2006), 78.

52. Craig Keener, 3 Crucial Questions about the Holy Spirit (Grand Rapids, MI: Baker Book House, 1996), 163.

제 5 장

삶을 변화시키는
성령님을 만나는 방법

"만일 그분의 낯을 향하여
'오, 주님, 엄청난 대가를 치러 주셨네요'라고 말한다면,
그 순간 주께서 홍수같이 당신의 인생에 임하셔서
권능을 주실 것이다."

알란 레드패스 [53)

"친애하는 살라 박사님. 저는 '거듭남'이라는 신앙 체험을 했어 요. 그 양의 피로 온전히 정결함을 받았고, 물로 −안과 밖−을 깨 끗이 씻었지만, 성령의 열매를 풍성히 맺기에는 너무도 힘드네요. '옛 성품'을 치우고 그 자리를 '새 성품'과 성령님으로 채우려면 몇 년이나 걸릴까요? 도와주세요."

내가 진행하는 라디오 프로그램, 가이드라인스 − 삶을 위한 5분 해설 − 의 청취자가 보내온 질문이다.

오늘날 상당수 사람이 비슷한 질문을 한다. 진지하고 성신한 형 제와 자매라도 의심과 육신의 일로 영적인 전투를 치르다보면 때로 교회에서 예배드리는 시간조차 성령님을 인식하지 못한다.

삶을 변화시키는 성령님을 어떻게 만날 수 있는지, 또한 성령으 로 충만함을 받았는지 어떻게 알 수 있는지, 이러한 질문에 대한 대답이 성경에 예를 들어 "성령으로 충만함을 받는 다섯 가지 쉬운 방법" 같이 쉽게 제시되어 있지 않다. 그 과정을 극히 단순화해 놓 으면 누구라도 육신의 본성이나 임의로 부는 온화한 바람 같으신 성령님의 특성을 제대로 이해하지 못하게 된다. 성령님은 전통에 얽매이거나 여기 당신에게 맞는 비법이 있다는 식의 교훈으로 대충 얼버무릴 수 있는 방식으로 일하지 않으신다.

아담과 하와를 에덴에 두면서 하나님은 그들에게 자유의지 – 결정능력, 선악의 선택권 – 를 주셨다. 나머지 이야기는 당신도 잘 안다. 하와는 아담이 그녀의 결정을 따르도록 하는 쪽을 선택했다. 그 결과 인류 안에 죄가 들어왔다. 오늘날 우리도 하와가 가졌던 똑같은 심적 태도와 다툰다.

하와를 유혹했던 사탄은 구속하심과 하나님의 영의 삶을 변화시키는 사역이 필요한 자들을 여전히 인질로 잡고 있다. 그렇다할지라도 하나님의 성령께서는 자기 자녀에게 권능을 주려고 작정하셨다. 하지만 하나님의 영은 우리와 협력하신다. 그래서 성령님이 우리에게 권능을 주시도록 우리도 간절히 바라야 한다. 이제 나는 "성령으로 충만함을 받기 위한 다섯 단계의 교훈"을 제시할 터인데 이는 무슨 프로그램이 아니라, 성령충만 받는 길을 알려주는 일종의 이정표이다.

1. 성령충만이 필요하다는 것을 인식하라.

남을 평가하여 그들의 잘못, 위선, 결점, 영적으로 달라져야 할 필요를 지적하기는 쉽지만, 정작 자신의 영적 생활이 깊이가 없고 허울뿐이란 것을 인정하기란 어렵다. 맞다. 누가 당신에게 그리스도인이냐고 물으면, 선뜻 그렇다고 하면서, 아마 교회에 매주 잘 다니

　　일상생활에서 성령님과 친밀하게 교제하는 비결

고 있다거나 아니면 어느 교회에서 운영하는 소모임에 참석한다고 부연해 설명할 수 있다.

동시에 언젠가 참석했던 청소년 수련회나 신앙집회에서 무엇인가 "체험"한 것을 앞세우며, 사실은 자신의 영적 생활에 아무런 변화를 끼친 것도 없는 것을 가지고, 마치 어떤 경건한 사람들과 무슨 친분이라도 있어 대단하게 "축복"이라도 받은 양 으시대기도 한다.

20세기 복음주의 지도자였던 해럴드 존 옥켄가는 이런 말을 남겼다.

"우리는 육체의 정욕에 빠져 영적인 체험을 제대로 하지 못하는 처지를 통회 자복해야 한다. 내면에 자리 잡은 죄악을 직시하지 못하면, 그리스도께서 우리를 위하여 마련해 놓으신 용서와 새 생명과 영원한 유산의 즐거움을 깨달을 수 없다. 죄를 고백해야 놀라운 은혜의 역사가 일어난다." [54]

예수님은 영적인 욕구가 채워지기 전에 먼저 하나님을 갈망하는 목마름부터 생긴다고 분명하게 말씀하셨다. 사도 요한의 기록이다.

"명절 끝날 곧 큰 날에 예수께서 서서 외쳐 이르시되 누구든지 목마르거든 내게로 와서 마시라 나를 믿는 자는 성경에 이름과 같이 그 배에서 생수의 강이 흘러나오리라 하시니 이는 그를 믿는 자들이 받을 성령을 가리켜 말씀하신 것이라 예수께서 아직 영광을 받지 않으셨으므로 성령이 아직 그들에게 계시지 아니하시더라"(요 7:37~40).

헬라어 단어 연구의 권위자인 케네스 웨스트는 성령으로 충만함을 받으려면 우리의 부족함을 솔직하게 터놓고 인정하는 것이 중요하다고 말했다. 그가 했던 얘기이다.

"성도의 편에서 이러한 성령님의 통제를 능동적이고 자발적으로 원해야만 한다. 그래야 성령님이 주도적으로 그 사람의 의지, 감정, 이성적 기능을 완벽하게 통제하신다." [55]

핵심은 이것이다. 하나님과 진심으로 동행하려면 누구든 주님께 빈손 들고 나와야 한다. 그래서 주님께 지속해서, 현저하고, 의미 있게 역사하셔서 당신의 삶을 눈에 띌 정도로 달라지게 해 달라고 간청해야 한다. 그것이 18세기에 오거스터스 토플래디가 지은 찬송가 가사에 잘 표현되어 있다.

"빈손 들고 앞에가 십자가를 붙드네."

2. 생활 속의 모든 죄를 자백하라.

대다수의 경우 당신의 양심은 선과 악의 잣대이다. 하지만 성장기에 하나님께서 바라시는 것이 무엇인지 몰이해 하는 가운데 컸다면, 하나님의 말씀의 인도를 받는 것이 낯설 수밖에 없다. 바울이 쓴 서신들은 하나님의 기대를 매우 명확하게 밝힌다. 로마인에게 보낸 그의 편지는 좋은 출발점이다. 그다음 고린도에 있는 교회에 보낸 두 편의 서신은 오늘날 우리가 접하는 많은 도덕적 문제들을 다룬다.

성령께서 당신의 영혼을 뒤틀어 삶의 방식이 하나님을 기쁘시게 하지 못하고 있다는 것을 알게 되면, 가장 먼저 해야 할 행동은 당신을 붙잡고 있는 죄를 고백하며 하나님의 용서를 구하는 일이다. 그러지 않고 당신이 깨달은 죄를 잊어버리는 것은 하나님의 뜻이 아니다. 만일 결혼도 하지 않고 상대와 동거하는 중이라면, 그것은 두 사람이 혼인으로 하나된 것이 아니란 의미이므로 성령의 충만함과 내주함이 있으려면 먼저 그릇부터 정결하게 씻는 것이 하나님의 바라심이란 것을 깨달아야 한다.

어떤 사람이 이층집을 매물로 내놓았다고 가정해 보자.

마침 당신도 집을 구하던 참이어서 마음이 끌렸다. 일 층을 둘러보니 괜찮아 보였다. 이 층에도 거실과 화장실이 있었고, 두 개의 침실이 있었다. 그때 그 부동산 주인이 이런 말을 한다.

"알려드릴 것이 하나 있어요. 우리 집에 다락방이 한 칸 있는데, 제가 거기에 물건을 넣고 열쇠로 잠가놨어요. 하지만 집이 팔려도 그 다락방은 아무 때나 드나들며 제가 써야 해요."

당신은 즉각 어떤 반응을 보이겠는가?

틀림없이 이렇게 생각할 것이다.

'이 사람이 지금 농담하시나? 이 사람아, 내가 집을 사면 다락방을 포함해서 이 전체가 다 내 소유라고. 다락방까지 싹 다 비우고 나가야지 제 맘대로 드나들겠다니 어림 반 푼어치도 없어.'

사탄은 내가 얘기한 가상의 매도자와 거의 똑같이 행동한다. 요즘 사탄이 사람들을(남성과 여성 모두) 유혹하는 추세를 보면, 불건전하고 옳지 않은 음란사이트나 웹사이트에 잠깐씩 손대게 하다가, 마음의 다락방이나 컴퓨터 파일에 동영상 등을 저장하게 하고, 그런 은밀한 습관은 아무도 알아채지 못한다며 속살거린다. 남자든 여자든 이성 관계에 눈을 뜨면, 남편이나 아내에게 그것을 은밀히 감추려든다. 회사에 경비 지출 명세서를 속이면서 그것을 정당화하여 "남들도 다 이렇게 해!"라고 말하기도 한다. 성령 하나님과의 관계가 진지하다면, 깜짝 놀랄 정도로 양심에 즉각 찔림을 받아 그것이 얼마나 당신의 삶에 하나님의 영이 역사하지 못하도록 가로막는지 정확히 알아차린다.

사도 요한은 이렇게 써 놓았다.

"만일 우리가 우리 죄를 자백하면 그는 미쁘시고 의로우사 우리 죄를 사하시며 우리를 모든 불의에서 깨끗하게 하실 것이요 만일 우리가 범죄하지 아니하였다 하면 하나님을 거짓말하는 이로 만드는 것이니 또한 그의 말씀이 우리 속에 있지 아니하니라"(요일 1:9~10).

아주 오랜 옛날, 잠언 기자가 했던 말이다.

"자기의 죄를 숨기는 자는 형통하지 못하나 죄를 자복하고 버리는 자는 불쌍히 여김을 받으리라 항상 경외하는 자는 복되거니와 마음을 완악하게 하는 자는 재앙에 빠지리라"(잠 28:13~14).

일상생활에서 성령님과 친밀하게 교제하는 비결

3. 자신을 주님께 온전히 드려 무조건 항복하라

바울은 성령으로 충만한 삶을 살기 위한 무슨 특별한 단계를 개략적으로 알려주는 대신에 그것에 필요한 것이 무엇인지 잘 요약해서 대도시 로마에 거하는 그리스도인들에게 편지로 보냈다. 성령 충만한 그리스도인에게 필요한 것이 무엇인지 알 수 있는 성경 구절을 알려달라고 할 때마다 나는 로마서 12장 1~2절을 펴보라고 한다.

"그러므로 형제들아 내가 하나님의 모든 자비하심으로 너희를 권하노니 너희 몸을 하나님이 기뻐하시는 거룩한 산 제물로 드리라 이는 너희가 드릴 영적 예배니라 너희는 이 세대를 본받지 말고 오직 마음을 새롭게 함으로 변화를 받아 하나님의 선하시고 기뻐하시고 온전하신 뜻이 무엇인지 분별하도록 하라."

이 구절을 영어판 New Living Translation은 이렇게 번역해 놓았다.

"그러므로 친애하는 형제자매들아, 내가 너희를 권하노니 너희 몸을 하나님께 드리라. 이는 그분이 하시는 모든 일은 너희를 위하는 것이기 때문이다. 너희 몸을 살아있는 거룩한 제물로 삼으라. 이런 종류의 제물을 그분이 기뻐하신다. 이것이야말로 그분을 예배하는 참된 방법이다. 이 세상의 행동과 관습을 본받지 말라. 대신에 하나님께서 너희의 사고방식을 바꿔서 너희를 새 사람으로 변화시키게 하라. 그래야 너희를 위한 선하시고, 기뻐하시고, 온전하신 하나님의 뜻 알기를 너희가 배운다."

성령의 사역을 논제로 하여 내가 박사학위 논문을 쓸 때,[56] 이 주제에 관련하여 힘닿는 데까지 당시에 모든 자료와 도서를 입수하여 섭렵했다. 그 주제를 다룬 경건한 사람들의 글을 비교하면서 내가 얻은 결론은 그들 다수는 본질에서는 같은 말을 하지만 용어는 달리한다는 것이다. 어떤 경우에는 성령으로 충만함을 받는 경험을 가장 적절하게 묘사하는 용어를 놓고 격론을 벌인 것도 있었다.

성령의 충만함을 받기 위해 무엇을 해야만 하는가?

그들에 따르면 당신에게 있어야 하거나 취해야 할 행동은 이렇다.

● 충심어린 절대적이고 철저한 위탁
　－ 하나님께 조건 없는 항복(윌리엄 비더울프)
● 온전한 믿음(케네스 웨스트)
● 그분께 양보함(C. I. 스코필드, 르네 파헤, 메릴 F. 웅거)
● 그분의 뜻을 위해 단념함(J. 캠벨 몰간)
● 완전한 항복(J. 윌버 채프먼)
● 순종(루벤 A. 토레이)
● 우리 몸을 산 제물을 드림(에이든 윌슨 토저)
● 헌신(존 맥닐과 해럴드 옥켄가)

어린 시절 맹인과 코끼리의 이야기를 읽거나 들었을 것이다.

맹인들이 코끼리가 어떻게 생겼는지 만져 본다. 각각 자기가 만진 일부 부위인 어금니와 귀와 다리에 대한 소감을 말한다. 그들의 말을 들어보면 저마다 의견이 다르다. 사람마다 자기가 만져 본 코끼리의 모습은 이렇다며 장황하게 설명한다. 마찬가지로 사람들은 자기가 겪은 것이 전부인 줄 알고 하나님이 기대하시는 바를 각기 다르게 설명한다.

초점은 "당신이 성령을 얼마나 많이 받았느냐?"가 아니라, 도리어 "당신이 성령께 얼마나 많이 붙잡혀 있느냐?"이다. 에베소인에게 성령으로 충만함을 받으라고 바울이 했던 지시 바로 앞 문구에 부정적인 훈계가 있다. 어떤 면에서는 연관성이 없어 보인다. "술 취하지 말라..."

이를테면 이런 것이다. 너희에게는 매우 비싼 최고급 포도주가 한 병 있다. 그런데 코르크 마개를 따서 아주 조금 음미한 다음, 다시 마개를 닫아 한쪽으로 치워 놓았다고 하자. 질문이다.

그렇다면 당신은 얼마나 취했겠는가?

과연 많이 취했을까?

반면에 포도주를 맛보고 "아주 좋은데"라고 하면서 병째 들이켰다면, 어느 정도 취하겠는가? 고주망태가 되지 않았을까?

육신의 정욕과 영혼의 욕구가 어느 정도인지 가늠해 보면 당신이 얼마나 성령으로 충만한지 알 수 있다.

구세군의 창설자 윌리엄 부스는 "비결이 뭡니까?"라는 질문을 받았다. 부스는 잠시 골똘히 생각하다가 이렇게 답변했다.

"하나님이 내게 있는 전부입니다!"

그것이야말로 그리스도께서 우리를 위해 이루신 일에 비추어 봤을 때 모든 믿는 자가 해야 할 마땅한 대답이다.

4. 성령으로 충만하게 해달라고 주님께 구하라.

마태의 말에 따르면, 열두 명의 제자를 부르신 후에 예수님은 갈릴리 전역을 두루 다니며, 회당에서 가르쳤고 그 나라의 복음을 전파했으며, "모든 병든 것과 고통 받는 것"을 고쳤다. 많은 사람이 예수님이 하는 말씀도 듣고 그분이 사람들을 고치는 것도 보려고 원근각처에서 몰려왔다. 그분은 산에 올라가 앉아서 갈릴리 사람들을 쳐다보며 가르치셨다. 그분이 하시는 말씀에는 권위가 있었다. 그분은 "...하였다는 것을 너희가 들었으나 나는 너희에게 이르노니..."라고 반복해서 말씀하셨다. 당연히 허다한 무리가 그분의 가르침에 놀랐다.

모인 숫자가 얼마나 되었는지는 불확실하나, 예수님이 해 주시는 풍성한 하나님의 은혜에 대한 말씀을 들으려고 그날 모인 숫자는 족히 수천 명은 더 되었을 것이다.

"구하라 그리하면 너희에게 주실 것이요 찾으라 그리하면 찾아낼 것이요 문을 두드리라 그리하면 너희에게 열릴 것이니 구하는 이마다 받을 것이요 찾는 이는 찾아낼 것이요 두드리는 이에게는 열릴 것이니라 너희 중에 누가 아들이 떡을 달라 하는데 돌을 주며 생선을 달라

하는데 뱀을 줄 사람이 있겠느냐 너희가 악한 자라도 좋은 것으로 자식에게 줄 줄 알거든 하물며 하늘에 계신 너희 아버지께서 구하는 자에게 좋은 것으로 주시지 않겠느냐"(마 7:7~11).

그날 예수님이 하신 말씀은 주제가 상당히 다양했다(마 5~7장과 눅 6:17~49 참조). 하나님의 크신 은혜를 설명하는 문맥에서 주님이 하신 말씀이다.

"너희가 악할지라도 좋은 것을 자식에게 줄 줄 알거든 하물며 너희 하늘 아버지께서 구하는 자에게 성령을 주시지 않겠느냐 하시니라"(눅 11:13).

예수님은 이전에도 성령에 대하여 말씀하셨을까?

비록 기록에는 없지만 그러셨을 것이다. 그런데 주목해야 할 점은 예수께서 부활하신 직후, 제자들을 향하여 숨을 내쉬며 그들에게 성령을 받으라고 하시던 날 이전에는 제자들이 성령에 관하여 정식으로 질문한 적이 없다는 사실이다.

이를 오늘날 어떻게 우리에게 적용해야 하는가?

하나님은 당신에게 부족한 것이 무엇인지 아신다. 또한 그분은 당신의 마음과 인생이 공허하다는 것을 아시기에, 당신이 성령을 받으려고 애쓰는 것보다 훨씬 더 간절하게 당신이 성령으로 충만해지기를 바라신다.

예수님이 하늘로 승천하신 후, 예수님이 하셨던 말씀대로, 제자들이 예루살렘으로 돌아가서 성령으로 충만해지기 전까지 여러 날

동안 체류했다. 주님이 이미 이루겠다고 약속하신 것을 이행해 달라며 하나님께 간곡히 요청하는 것이 필요할까?

나는 그렇다고 여기지 않는다. 그러나 충분한 시간을 갖고 실제로 당신이 진심으로 자기 삶의 주도권을 포기하며, 하나님의 영이 흘러들어오는 것을 가로막는 요인들을 철저하게 통회 자복하는 것이 매우 중요하다.

때로 목사님들이 하나님의 영으로 충만함을 받기까지 주님 앞에 머물면서 기다리라고 요청한다. 이는 조금도 틀린 말이 아니다. 될 수 있으면 조용한 장소를 찾는 것이 좋다. 당신이 하나님 앞에서 무릎을 꿇을 수 있는 곳이라면 작은 방이나 침실도 괜찮다. 또는 숲속의 한적한 곳에서 하나님과 홀로 독대해도 되고, 성령님과 만날 수 있는 곳이라면 누구의 간섭도 받지 않는 빈 사무실도 상관없다.

5. 성령의 충만을 감사함으로 수용하라.

이 부분이 바로 믿음과 감정이 충돌하는 지점이다. 성령님을 만났다는 다른 사람의 간증 - 감정적으로 지축이 흔들리는 듯한 간증 - 을 많이 듣다보면 어떤 간증은 어딘지 모르게 석연치 않고 왠지 낯설다. 아마 당신도 그랬던 적이 있을 것이다.

성령의 충만함에 대한 당신의 반응은 세 가지 요인으로 인해 달리 나타난다.

당신의 성격(외향성인가? 내성적인가?), 당신의 문화, 당신의 기대.

하나님이 다른 사람의 삶에서 하신 대로 당신의 인생에서도 똑같이 하신다는 보장은 없다. 삶을 변화시키는 성령님을 만난 남자와 여자를 대상으로 하나님이 그들을 어떻게 만나주셨는지 연구해 보면 하나님의 영이 내주하시고 권능을 주신 자마다 각기 다른 연약한 질그릇에 불과하다는 것을 알 수 있다.

경건하게 살던 믿음의 영웅 세 사람의 실제 사례를 소개한다.

● 드와이트 레이먼 무디

나보다 100년 앞선 1837년, 그 살기 힘들었던 시절에 그가 세상에 태어났다. 아홉 형제 중 여섯째인 그의 이름은 드와이트 레이먼 무디이다. 일찍이 부친을 여의고 17살에 드와이트는 부츠와 구두 상점을 운영하는 삼촌과 함께 살기 위해 보스턴으로 가야했다. 삼촌의 가게에서 일하면서 청년 무디는 회중교회에 출석했다.

무디는 청년 시절 주일학교 교사였던 에드워드 킴벌 덕분에 영적인 일에 관심을 갖게 되었고, 그가 일하는 구둣방에 찾아온 그 교사와 함께 뒷방에서 기도하다가 그리스도인이 되었다. 오늘날 그의 회심을 기념하는 청동 현판이 그 구둣방이 있던 빌딩에 부착되어 있다.

그로부터 얼마 지나지 않아, 무디는 교회에 정회원이 되려고 지원했지만 거절당했다. 일 년 뒤, 그 교회의 제직회에서 그의 성실성을 인정하여, 정회원으로 받아줬다. 무디는 신학자는 아니었어도 하나님을 향한 뜨거운 심장을 가진 자였다. 그가 목회자가 된 후, 한번은 어떤 여인이 그를 찾아와 말했다.

"무디 목사님(무디는 목사라고 불리우기 보다 형제라고 많이 불리었다. 그러나 그가 목회하며 설교를 했기에 목사라고 표기함 -편집자 주), 나는 당신의 신학을 좋아하지 않아요!"

그러자 그가 답했다.

"나는 신학이 뭔지도 모른답니다!"

전통적인 방법을 아예 도입하지 않았음에도 불구하고, 무디가 시작한 주일학교의 학생수가 1,500명에 이르렀다. 이 일리노이 주 스트리트 마켓 홀의 주일학교가 자라 훗날 무디가 목회하는 교회가 된다.

드와이트 L. 무디가 성령님을 만난 이야기는 그의 아들 윌리엄 무디가 쓴 선친의 자서전에 나온다.

『1871년 아버지 무디에게 일생일대의 중대한 전환점이 되었던 일이 발생했다. 아버지는 이제껏 해왔던 자신의 업적이 고작 해봐야 아주 작은 알갱이에 지나지 않는다는 것을 깨달았다. 예배에 꼬박꼬박 참석하여 앞줄에 앉는 두 명의 여성으로 인해 아버지는 영적인 능력을 몹시 갈망하며 갈급하게 되었다. 아버지는 그 여성들을 직접 만나서 대화하고 나서야 그들이 쉬지 않고 기도하고 있다는 것을 알았다. 예배를 마친 후, 그들이 아버지께 "우리는 목사님

일상생활에서 성령님과 친밀하게 교제하는 비결

을 위해 기도하고 있어요!"라고 말했다.

"다른 사람들을 위해 기도하지 않고요?"

아버지 무디가 묻자 그들이 답했다.

"왜냐하면 목사님에게 성령님의 능력이 필요해서요."

그 예기치 못했던 상황에 관련하여 몇 년 후 아버지가 이렇게 말했다.

"나는 능력이 필요했단다! 왜? 나는 능력이 있다고 생각했었지. 시카고에서 제일 교인이 많았고, 많은 사람이 회심했어. 속으로 얼마나 만족했는지 모른다. 그러나 그 두 명의 경건한 여인이 나를 위해 계속해서 기도했던 거야. 내가 특별하다고 생각하던 예배를 위해 기름을 부어달라고 간절하게 간구했던 거란다. 나는 그들을 청해서 함께 대화하자고 했어. 그러자 그들은 마음을 다해 내가 성령의 충만함을 받게 해달라고 간절히 기도했다더구나. 어마어마한 영적인 허기가 느껴지더구나. 나는 그것이 무엇인지 몰랐어. 나는 한번도 그래본 적이 없는 절규를 해대기 시작했지. 예배에 이런 권능이 임하지 않는다면 도저히 살 수 없을 것만 같은 느낌이 들었어."
57)

그런 일이 있고 나서 1871년 10월에 시카고를 황폐화 한 대형 화재가 발생했다. 300명이 사망했고 100,000명이 집을 잃었다. 아버지의 사택과 그토록 사랑하던 예배당도 불에 탔다. 교회 재건을 위해 기금을 마련하려고 아버지 무디 목사는 뉴욕까지 기차를 타고 갔다.』

무디의 전기 작가인 J. C. 폴록은 뉴욕에서의 일을 이렇게 기술한다.

『대낮 그는 브로드웨이나 5번가 같은 어느 번화한 거리를 바쁘게 밀치고 지나가는 사람들 틈에 끼어서 천천히 걸었다. 짤랑거리는 합승마차와 자가용 사륜마차의 소리와 신문팔이 소년들의 고함이 귀에 들어오지 않았다. 실낱같던 마지막 희망 줄마저 끊어졌다. 버둥거리지 않고, 조용히 그는 항복했다. 그의 영혼이 하나님으로 충만해졌다.

"전능하신 하나님이 아주 가깝게 오신 것 같다. 혼자 있고 싶어."

그는 근처에 사는 친구의 명함을 꺼내들고 급히 그 집을 찾아갔다.

"들어와서 식사를 같이하자"는 친구의 말을 듣는 둥 마는 둥 하면서 이렇게 말했다.

"지금은 혼자 있고 싶어. 나 홀로 들어가서 문을 잠글 수 있는 방을 내주게나."

그 친구는 농담도 잘한다면서 흔쾌히 방을 내주었다.

무디는 방문을 잠그고 소파 위에 앉았다. 방안이 하나님의 임재로 불타오르는 듯했다. 무디는 바닥에 갑자기 쓰러져서 마치 유영을 하듯 하나님의 임재 속에 깊이 빠져들었다. 흡사 변화산에서 있었던 일과 같은 체험이었다.

"하나님 자신을 나에게 밝히 드러내 보여 달라는 말만 했어요. 주님의 손에 계속 그렇게 머물러 있으면서 주님의 사랑을 만끽하고

일상생활에서 성령님과 친밀하게 교제하는 비결

싶었어요."』 [58]

드와이트 L. 무디는 이렇게 인생의 전환점을 만드시는 성령님을 만나 완전히 달라져서 시카고로 돌아왔다. 무디는 자기의 체험을 말할 필요조차 없었다. 무디의 아들 윌리엄은 그의 부친이 이 체험을 거의 언급하지 않은 이유를 본인이 직접 "너무나도 거룩해서 가히 말로 표현할 수 없는 체험"이기 때문이라고 밝혔다고 전한다. 사람들은 그가 완전히 달라졌다는 것을 알았다. 그의 설교에는 능력이 나타났고, 성령께서 그의 메시지를 영화롭게 하셨다.

이것이 그의 목회를 어떻게 바꿔 놓았는가? 무디가 그것을 직접 설명했다.

"나는 여느 때와 다름없이 강단에 올라갔다. 설교 내용은 달라진 것이 없었다. 나는 새로운 진리를 제시하지 않았다. 그러나 수백 명이 회심했다. 나는 이제 예전으로 되돌아가지 않을 것이다. 당신이 나에게 세상을 다 주어 호사를 누리는 일이 생긴다 해도, 그것은 단지 바닥에 깔린 작은 먼지에 불과하다." [59]

● 찰스 피니

젊은 변호사 찰스 피니는 하나님을 심히 간절하게 사모했으나 구원의 확신이 없었다. 오랜 기간 기도했어도 용서받지 못할 죄를 지었다는 생각이 뇌리에서 떠나지 않았다. 그러자 피니는 단번에 모든 문제를 해결해야겠다고 결심한다. 혼자 숲으로 들어가서 통나무 옆에서 무릎을 꿇고 하나님과 기도로 씨름하다가 그 자리에서 회심한다.

그때의 일이 얼마나 극적이었던지 훗날 피니는 파도 같은 사랑이 자기 몸 전체에 몰려오는 체험이었다고 회상한다. 그는 노년으로 접어들었을 때 그것이 당시 자기에서 어떤 영향을 끼쳤는지 속에 담아두었던 얘기를 꺼냈다.[60] 피니는 하나님을 직접 만나는 강력한 체험을 한 다음 바로 사무실로 돌아왔다. 피니는 자서전에 그때의 경험을 이렇게 상술해 놓았다.

『사무실로 돌아와서 착석했는데 마치 불 위에 앉는 것 같았다. 나는 강력한 성령세례(침례)를 받았다. 그러리라 기대도 못했고, 나에게 그런 일이 생기리라 마음에 생각한 적도 없었으며, 돌이켜보면 세상사람 그 누구도 나에게 그런 일이 있다고 말해주지 않았다. 어떤 식으로 성령님이 나에게 강림하셨느냐 하면 나의 몸과 영혼 전체를 뚫고 들어오시는 듯했다. 마치 전신이 전기에 감전된 듯 찌릿찌릿한 느낌이 들었다. 참으로 파도처럼 사랑이 연속해서 출렁거리며 몰려 왔다. 정말이지 하나님이 입김을 불어 넣으시는 듯했다. 지금도 생생하게 기억난다. 끊임없이 날갯짓을 하며 나에게 바람을 보내는 것 같았다.

내 심령 전체에 외부로부터 쏟아져 들어왔던 그 놀라운 사랑을 가히 말로 다 표현할 수 없다. 나는 기쁨과 사랑으로 크게 소리 내어 울었다. 울부짖으며 내 속에서 마구 튀어나오던 이루다 형용할 수 없는 무수한 말을 뭐라 표현할 길이 없다. 이런 물결이 나를 삼키고, 삼키며, 또 삼키기를 멈추지 않았다. 이렇게 부르짖었던 것이 생각난다.

"이렇게 물결이 계속 나를 덮치면 죽을 것만 같아요. 주님, 감당할 수 없습니다."

그러나 나는 죽는 것이 두렵지 않다.』[61]

피니의 전공은 원래 법률이었으나, 성령을 체험하고 난 이후 그는 전도자의 일을 시작했고 그의 시대에 가장 사랑받는 유명한 부흥사가 되었다. 역사가들은 비전통적이었지만 효과적이었던 피니의 사역을 통해 수천 명의 사람이 회심하였다고 말한다. 삶을 변화시키는 성령체험을 했던 그 밤에 20세기의 빌리 그레이엄에 버금가는 19세기의 가장 효과적인 복음전도자 피니가 탄생했다

● 루벤 A. 토레이

예일대학교와 예일대 신학부를 졸업한 토레이는 얼랭어 대학교와 라이프치히 대학교에서 신학을 조금 더 공부했다. 학위를 취득한 후, 그는 시카고에서 드와이트 L. 무디와 협력하여 무디 성경학원의 전신을 건립하는데 일조했다. 그의 뛰어난 교수 경력 덕분에 결국 로스앤젤레스로 가야 했다. 그곳에서 그는 무디 성경학교와 유사한 학교를 세우자는 제안을 받아들여 지금은 바이올라 대학교가 된 로스앤젤레스 성경학교를 개원했다. 또한 토레이는 로스앤젤레스에서 가장 널리 알려진 복음주의 센터인 열린문교회를 개척했다.

토레이는 그의 책 "성령"(The Holy Spirit)에서 그가 다년간 성령체험이 없는 상태인데도 성공적으로 사역했던 일을 회상한다. 그가 삶을 변화시키는 성령님을 만난 것은 무슨 영적인 공허나 부족함을 느껴서가 아니었다. 하나님의 영으로 충만하지 않은 상태에서 회중에게 설교를 했을 때, 아무런 권능도 나타나지 않는다는 것을 자각했기 때문이다.

토레이는 한 친구에게 하나님이 자기에게 성령으로 충만함을 주시기 전에는 - 그가 사용한 용어에 따르면 - "성령으로" 세례(침례)를 받기 전에는 설교하러 다시는 강단에 서지 않으려 했다고 솔직하게 털어놓았다.

토레이가 진술한 그가 겪은 체험이다.

『그다음, 만사를 제쳐놓고, 서재에 혼자 틀어박혀서 시간에 구애받지 않고 무릎을 꿇은 채 하나님께 성령으로 세례(침례)를 받게 해달라고 간청했다. 내가 무릎을 꿇고 기도하던 서재, 바로 그 현장에서 일이 일어났다.

내가 기도했던 그곳의 주소는 미니애폴리스 주 노스 아담스 스트리트 1348번지이다. 매우 고요한 순간이었다. 내가 겪어보지 못한 그런 적막함이 깔렸다. 진정 내가 그렇게 오랜 시간동안 기다렸던 이유는 단지 내 영혼이 하나님 앞에서 잠잠히 기다리면 과연 어떻게 될지 끝까지 가보자는 심정이었기 때문이다. 그러던 중 하나님이 귀에 들리는 음성이 아니라 내 마음속에서 짤막하게 말씀하셨다.

일상생활에서 성령님과 친밀하게 교제하는 비결

"네게 주었다. 이제 가서 설교하라." [62]』

이것이 그가 겪은 일 전부이지만, 그것은 전환점이었다. 토레이의 설교에 능력이 나타났고, 하나님께서 그의 목회를 영화롭게 하여 목사요, 작가요, 교육자로서 두각을 나타냈다. 토레이는 그의 저서에서 이렇게 말했다.

"그날부터 지금까지 나는 새로운 목회자가 되었다. 비록 예일대학에서 학위를 두 개나 했고 독일에 있는 두 대학에서 연구했지만, 내가 목회하는 교회는 매우 작았고, 알려지지 않았다. 그러나 그 시간부터 나의 지경이 깜짝 놀랄 정도로 확장하기 시작했고, 마침내 전 세계를 다니며 복음을 전파하는 가운데 수십만 명이 그리스도께 돌아오는 모습을 보았다." [63]

당신이 만난 성령님과 그들의 체험을 비교해 보라

이번 장 앞부분에서 성령충만에 대한 당신의 반응은 세 가지 요인에 의해 달라진다고 말했다. 기본적으로 담임목사님을 포함하여 다른 사람에게서 무슨 말을 들었느냐에 터 잡게 되는 당신의 성격(외향성인가? 내성적인가?), 당신의 문화, 당신의 기대!

종이 한 장에 한 줄을 긋고 한쪽 끝에 "외향성"이라고 쓰고, 반대편에는 "내성적"이라고 기록한 다음 당신이 어디에 위치하는지 표시해 보라. 개인마다 다르다. 하나님이 자기 인생에서 무엇인가 행하실 수 있다고 믿는지 그 신빙성을 가늠해 보면 어떤 사람은 하나님이 인도하실 수 없는 반응을 보이기도 한다.

찰스 피니는 기준선에서 한쪽 끝에 있을 정도로 외향적인 사람이었다. 그는 법정에서조차 담대하게 변론했을 사람이다. 그는 강력하게 자기주장을 피력했고 사람들에게 자유롭게 말했다. 심지어 사역할 때 극단적인 입장에서 타인과 논쟁을 벌이기도 했다. 성령님을 만났을 때, 그는 자기 속에서 "마구 튀어나오던 이루다 형용할 수 없는 무수한 말"이라는 표현을 했다.

뉴욕에 있는 한 친구의 집에 있는 빈방에서 성령을 만났던 드와이트 L. 무디와 비교해 보라. 무디는 그것을 지극히 사사로운 개인적인 체험으로 여겨서 자기의 체험을 대중 앞에 일절 발설하지 않았다. 그러나 무디는 그 골방에서 삶을 변화시키는 하나님의 영을 만났다.

R. A. 토레이는 지적이며, 현실적이고, "사연은 이러하다"며 꼬치꼬치 따지는 사람이었다. 그는 끝장을 보겠다는 심정으로 무릎을 꿇고 성령으로 충만함을 받아야 사역하러 가겠다고 단언했던 자이다.

성령님을 만났던 다른 사람들의 반응을 보더라도 인생 가운데 하나님의 영이 하시는 일의 실상을 가늠하는 정해진 기준은 없다.

성령충만과 방언

윌리엄 세이무어가 이끌던 아주사 거리의 부흥을 보면, 1906년 4월 9일의 모임에서 시작한 부흥이 1915년까지 계속된다. 그런데 한 가지 새로운 신학이 점차 발전하였다. 방언을 하지 못하면, 성령 안에서, 성령으로, 성령에 의해서 세례(침례) 받은 것이 아니라고 가르쳤다. 이런 신학으로 그리스도의 몸인 교회가 분열했고 혼란에 빠졌다.

이 가르침을 추종하는 사람들을 오순절파나 은사주의자라고 불렀다. 이것은 후에 기복 신앙이 첨가되면서 자주 신랄한 비평과 신학적 분파를 초래했다.

그들의 신학의 근거를 보면 유대인들(행 2)과 요한의 제자들(행 10), 그리고 그랬을 가능성이 있는 사마리아인들(행 8)에게 성령이 임할 때 나타난 다른 언어(인간의 말)로 말하기 시작했던 일에 근거한다(행 2). 성령을 부어주실 때 방언도 함께 나타나야 한다고 믿으며 그들은 그것을 모든 사람에게 적용해야 하는 "교리"로 규정하였다. 그들은 방언을 하지 못하는 사람은 성령충만하지 않은 사람이라고 주장했다. 이것이 사실이라면 빌리 그레이엄, 토레이 존슨, 밥 피어스 같은 많은 사람이 "성령충만하지 않은 자"로 분류되어야 한다.[64]

바울은 고린도전서에서 영적 은사를 교회에서 어떻게 활용해야 하는지 다루면서 성령충만한 그리스도인이라고 해서 전부 다 방언의 은사를 받는 것은 아니라고 분명하게 밝힌 바 있다.

헬라어는 어법상 화자가 "예"인지 "아니오"인지를 명확하게 확인하기 위해 질문하는 형식이 있다. 바울이 그런 형식으로 이렇게 묻는다.

"다 방언을 말하는 자이겠느냐?"(고전 12:30).

이것은 "아니오"라는 대답을 예상하고 하는 질문이다.

그렇다고 해서 사도시대 이후에 방언의 은사가 중지되었다는 의미는 아니다. 다만 방언의 은사가 성령으로 충만함을 받은 것이거나 또는 똑같은 말이지만 성령세례(침례)를 받았다는 것을 나타내는 증거는 아니라는 뜻이다.

전 세계에 걸쳐 계속 퍼지는 은사주의와 오순절파, 이 양 측이 쌓아올린 벽은 방언은사가 없는 사람도 성령으로 충만함을 받은 자가 될 수 있다는 사실에 동의할 때 허물어진다.

또 하나의 극단은 그리스도의 몸에 속한 일각에서 그리스도의 몸을 든든하게 세워 하나님이 우리 세대를 위해 작정한 것을 이루게 하려고 주신 방언이라는 영적 도구를 전면 부인하면서, 마틴 로이드 존스가 지적했듯이, "옳은 방향에서 너무 멀리 떠나 있는 것"이다.

덴버 신학대학원의 헬라어 교수인 도널드 버딕 박사는 비록 은사주의 운동을 옹호하는 사람은 아니지만, 1세기 이후에 방언 은사가 중단되었다는 견해를 지지해 줄 확고한 증거는 없다고 단언한 바 있다. 버딕의 말이다.

일상생활에서 성령님과 친밀하게 교제하는 비결

"고린도전서 13장 8절 ['...방언도 그치고...']을 근거로 하나님이 사도시대를 끝으로 방언을 멈췄다는 것을 입증하려면 그런 입장을 확정하기에 앞서 타당한 성경해석의 원리들부터 치워야 한다." [66]

J. I. 패커는 이렇게 요약한다.

"일부 개신교와 일부 가톨릭에서 신약에 기재된 성령에 관한 모든 내용을 지상에 있는 전체 교회가 의무적으로 적용해야 제대로 된 것처럼 주장한다. 그러므로 그런 일이 나타나지 않는 그리스도인이나 교회는 어떡해서든지 그것을 만회하려다 보니 고작 이것들을 중시하는 것이다." [67]

전 세계에서 아무도 성령님처럼 당신을 잘 아는 이가 없다.

당신이 성령님을 초대하여 인생의 주도권을 내어 드리면, 당신은 성령의 임재로 충만함을 받는다. 당신이 성령님을 만나면 모든 점에서 다시없는 온전한 자가 된다.

[주]

53. 58 Alan Redpath Quotes," Christian Quotes, accessed June 20, 2016, http:// www.christianquotes.info/quotes-by-author/alan-redpath-quotes/

54. Harold John Ockenga, Power through Pentecost (Grand Rapids, MI: William B. Eerdmans Publishing, 1959), 126.

55. Kenneth Wuest, "The Holy Spirit in Greek Exposition," Bibliotheca Sacra, CXIIX (July- September, 1961), 226.

56. Harold Sala, An Investigation of the Baptizing and Filling Work of the Holy Spirit in the New Testament Related to the Pentecostal Doctrine of Initial Evidence (Bob Jones University, Greenville, SC), 1966.

57. William R. Moody, The Life of Dwight L. Moody (New York: Fleming H. Revell, 1900), 146-147.

58. J. C. Pollock, Moody: A Biographical Portrait of the Pacesetter in Modern Mass Evangelism (New York: Macmillan Publishers, 1963), 90.

59. Moody, 149.

60. James E. Johnson, "Charles Grandison Finney: Father of American Revivalism", Christianity Today, 1998, Issue 20, accessed June 30, 2016, http://www.christianitytoday.com/history/issues/issue-20/charles-grandison-finney-father-of- american-revivalism.html

61. Charles G. Finney, Memoirs of Rev. Charles G. Finney (New York: Fleming H. Revell, 1876), 20-21.

62. Reuben A. Torrey, The Holy Spirit (New York: Fleming H. Revell, 1927), 198.

63. Torrey, 199.

64. 이에 해당하는 경건한 인물로는 어거스틴, 조나단 에드워즈, 카운트 본 진 젠도르프, 찰슨 스펄전, 조지 휘필드, 존과 찰스 웨슬리, 마틴 로이드 존스 등이다.

65. 미국 남침례회 총회는 2015년 5월 13일에 방언을 말하는 선교사 후보생들을 받아줌으로써 바람직한 방향으로 한발자국 내딛었다. 그 이전에는 은사주의 선교사들을 총회에서 제명 처리하였다.

66. Donald Burdick, Tongues: To Speak or Not to Speak (Chicago, IL: Moody Press,1969), 36.

67. J. I. Packer, Keep in Step with the Spirit (Grand Rapids, MI: Baker Books, 2005), 149.

제 6 장

성령 안에서
살고 행하기

"만약에 그리스도인이 성령의 술을 즐기지 아니하면,
육신의 술로 방향을 돌린다....
그리스도는 우리 영혼을 위해 죽으셨고
성령님은 우리를 충만케 하려고 오셨다."

A. W. 토저 [68]

오늘날 성령 안에서 살며 행한다는 개념은 1세기 그리스도인
이 결코 겪어본 적인 없는 이러한 여러 도전에 봉착한 우리에게는
남 얘기하는 것처럼 낯설게 들릴 수 있다.

- 망가진 세계에서 당신의 결혼이 깨어지지 않도록 지키는 일
- 무신론이 판치는 세상에서 자녀를 경건하게 양육하는 일
- 흠이 없는 성실함으로 당신의 신앙고백을 유지하는 일
- 고심하지 않고 진리를 전하는 일
- 하나님이 하신 말씀에 비추어 우리의 문화를 해석하는 대신
  에 우리의 문화로 성경을 해설하는 사회 안에서 살아가는 일
- 영적 성장을 위한 자원이 되기도 하지만 육체의 유혹을 양성
  하기도 하는 인터넷을 지혜롭게 이용하는 일

세속 사회에서 하나님의 전권 대사가 되기 위해 어떻게 해야 성
령님이 주시는 권능과 지원을 받을 수 있는가? 그것이 바로 이번
장에서 다룰 내용이다.

먼저, 우리로 성령 안에서 살며 행하지 못하게 하는 조건을 집

중적으로 살필 것이다. 그런 다음 본론으로 돌아가서 우리가 생각하는 것과는 많은 면에서 다른 그것의 실상이 무엇인지에 집중할 것이다.

히브리서 기자는 이렇게 기록한다.

"모든 사람과 더불어 화평함과 거룩함을 따르라 이것이 없이는 아무도 주를 보지 못하리라"(히 12:14).

신구약 성경에 "거룩함"이란 단어가 600회 이상 등장한다.

그러나 오늘날 "거룩함"이란 단어는 가식적이고 비현실적인 뜻으로 쓰인다. "거룩함? 그것이 뭔데?"라고 우리는 따진다.

그러나 성경에서 말하는 거룩함이란 개념은 그 이면에 담긴 '완전함, 정결함, 구별됨'이라는 세 가지 구성요소 또는 그림을 가진다. 이 세 가지 이미지는 믿는 자인 우리 자신과 밀접하게 연관되어 있으며, 또한 우리가 사는 세상과 우리 사이의 관계에 관련된다.

개인 안에 있는 완전함은 한 개인이 - 깨진 마음과 인생의 치료자이신 - 예수님 앞에 머리를 조아리고 산산 조각난 삶을 주님께 맡겨 그분이 그것들로 합력하여 선을 이루도록 할 때, 성령님이 가져다주시는 치료와 회복의 결과이다.

정결함은 성령님이 계속 진행해 나가시는 사역으로서, 앞 장에서 논의했던 것처럼, 우리를 거룩하게 하여 그리스도를 닮아가게 하는 성화라고도 한다.

성령 안에서 살며 행한다는 개념을 요즘 우리가 사용하는 말로 쉽게 표현하자면 바로 "경건"이다. 이것은 성령님이 우리 삶에 하나님의 표시를 남기는 것이며, 세상 사람들이 그 표시를 보고 우리가 하나님의 아들 예수 그리스도에게 속한 자인 줄 알게 된다.

육신적인 것과 영적인 것이 구별되는가?

1세기 중후반에 초대교회를 향한 박해가 극심해졌을 때, 몇몇 개인은 바울이 고린도인에게 했던 권면-"그들 중에서 나와서 따로 있고"-을 문자 그대로 받아들여, "거룩"한 삶을 살 수 있을 것 같은 사막이나 한적한 곳으로 은둔했다.

얼마 안 있어, 같은 마음을 가진 다른 사람들이 그들과 합류했고, 은둔자 집단이나 종교 단체를 형성했다. 하지만 이내 세속 사회와 단절하고 몸을 피한다고 해서 무조건 그리스도를 닮을 수 있는 것이 아니란 것을 깨달았다.

오늘날 그리스도 예수 안에서 경건한 삶을 살려는 사람들은 세상에서 나오는 것이 아니라 세상에 머물러 있어야 한다는 것이 현대의 도전이다. 바울은 그리스도 안에서 아들 된 젊은 디모데에게 쓴 서신에서 이렇게 말한다.

"무릇 그리스도 예수 안에서 경건하게 살고자 하는 자는 박해를 받으리라 악한 사람들과 속이는 자들은 더욱 악하여져서 속이기도 하고 속기도 하나니"(딤후 3:12~13).

이 말씀이 1세기의 진리였다면, 21세기에는 더 많은 측면에서 여전히 진리이다.

현대 사회의 가치관은 하나님을 기쁘시게 하고 말씀의 지시에 순종하려는 자를 기를 쓰고 대적하는 체계이므로 믿음의 길을 선택한 사람은 종종 거절당하거나 대가를 치러야 한다.

잘 나가는 기술 회사의 임원으로 있는 내 친구는 대가를 치러야 한다는 의미를 알고 있다. 단체로 뉴욕에서 열린 대회에 참가했을 때 회사 대표가 임원들에게 얘기했다.

"오늘 저녁에 회식이 있다. 내가 알아서 한 사람에 한 명씩 아가씨(매춘부를 뜻함)를 정해놨으니 저녁 시간을 즐기라고."

빌이 말했다.

"만찬은 좋습니다. 하지만 아가씨는 사양합니다."

동료들은 그러지 않았다. 도덕적 가치관이 분명한 빌이 정중히 거절하자 모두 불편해했고, 몇 개월 후에, 그는 회사에서 파면됐다.

기독교적 가치관이 흐릿하면 도리어 사람들이 신앙을 깔보고 아예 헤어 나오기 힘든 상황 속에 집어넣어 버린다. 12사도 가운데 가장 어렸던 요한은 우리가 사는 세상의 가치체계와 성령 안에서 살며 행하는 삶 사이의 갈등 구조를 감각적으로 기록해 놓았다.

"이 세상이나 세상에 있는 것들을 사랑하지 말라 누구든지 세상을 사랑하면 아버지의 사랑이 그 안에 있지 아니하니 이는 세상에 있는 모든 것이 육신의 정욕과 안목의 정욕과 이생의 자랑이니 다 아버지께로부터 온 것이 아니요 세상으로부터 온 것이라 이 세상도, 그 정욕도 지나가되 오직 하나님의 뜻을 행하는 자는 영원히 거하느니라"(요일 2:15~17).

요한의 시대와 마찬가지로 오늘날 우리의 세계 안에도 똑같은

일상생활에서 성령님과 친밀하게 교제하는 비결

갈등이 넘쳐난다. 하지만 기쁜 소식은 예수님이 무종교가 만연한 21세기 문화와 오늘날 우리가 처한 삶의 형편을 정확히 간파하고 계시다는 것이다.

주님은 제자들에게 이제 아버지가 계신 하늘로 가야 하는데 가서 보혜사이신 성령을 보내겠다고 하셨다. 성령님은 우리와 함께 사시면서, 우리에게 권능을 주시고, 우리를 강하게 만드시며 도우신다. 우리에게 최적화된 그런 능력이야말로 현대를 사는 우리에게 꼭 필요하다.

성령 안에서 살며 행하지 못하게 하는 조건

육신의 소욕과 성령의 열매를 대조하여 설명한 뒤에 바울은 이렇게 권고한다.

"만일 우리가 성령으로 살면 또한 성령으로 행할지니"(갈 5:25).

이를 좀 더 쉽게 다듬으면 이렇다.

"일단 우리가 성령으로 살기로 했으면, 일상에서 겪는 모든 일에 성령님의 인도를 받아야 한다"(영어 새 생활 역, NLT, 갈 5:25).

성령으로 충만함을 받지 않으면 성령 안에서 살며 행할 수 없고, 또한 예수 그리스도와 교제하지 않으면 성령으로 충만함을 받을 수 없다.

한번은 약간 볼멘소리로 "물론, 나는 그리스도인이지, 유대교도

이거나 이슬람교도가 아니에요"라며 한 남자가 나에게 말했다. 내가 그에게 예수 그리스도를 따르냐고 물었기 때문이다. 그는 모태 신앙으로 태어나 역사적인 기독교 문화에서 성장했기에 자기가 그리스도인이라고 믿는 전형적인 종교인이었다. 그런 유의 종교인은 예수 그리스도와 사귀는 일과 기독교 신앙의 기초 교리에 대한 이해를 잘 잊게 마련이다.

내가 목회할 때, 한 여성이 나에게 와서 "살라 목사님, 나는 그리스도인이 되고 싶어요"라고 말했다. 처음에 나는 다소 충격을 받았다. 이 여성은 심성이 고왔고 성찬식을 준비하는 여집사였으며 공예배에 빠지는 법이 없었다. 나는 처음에 이렇게 대답했다.
"왜요? 그리스도인이잖아요."
그러나 그녀의 설명에 이내 침묵해야 했다.
"이 교회에 다닌 지 꽤 오래되었어요. 그런데 최근 들어 지난 몇 달 동안에 내가 예수 그리스도를 나의 구주로 영접한 적이 없다는 것을 깨달았어요. 그래서 그렇게 하고 싶어요."
우리는 잠시 간단하게 함께 기도했다. 자리를 나서는 그녀의 미소 가득한 얼굴에서 이제 자기도 예수 그리스도에게 속한 사람이라고 확신하게 되었다는 것을 읽을 수 있었다.
거듭나기 전에는 성령님 안에서 살며 행하는 것이 불가능하다. 거듭나야 예수 그리스도와 교제하게 되고, 삶을 달라지게 하시는 성령님을 통하여 하나님의 은혜가 유의미해진다. 거듭났을 때, 비로소 성령님이 육체 안에 내주하여 당신의 몸이 성전이 되며, 성령으로 충만함을 받아 성령 안에서 살며 행하게 된다.

죄나 악을 마음에 품고 있으면 성령 안에서 살며 행하는 것이 불가능하다.

고린도인의 문화는 퇴폐적이고 개탄스러웠다.

바울이 18개월 동안 목회했던 고린도라는 도시에는 1,000명의 젊은 여성이 여사제 노릇을 하는 성애의 여신 아프로디테 신전이 있다. 게다가 바울이 고린도전서 6장에서 열거한 성적범죄의 목록은 오늘날의 우리 문화를 그대로 묘사해 놓은 듯하다. 그러나 바울이 이렇게 말한다.

"너희 중에 이와 같은 자들이 있더니 주 예수 그리스도의 이름과 우리 하나님의 성령 안에서 씻음과 거룩함과 의롭다 하심을 받았느니라"(고전 6:11).

바울이 고린도인에게 두 번째로 보낸 서신에서 그는 "…숨은 부끄러움의 일을 버리고"(고후 4:2)라고 말한다. 당신이 개인적으로 하는 어떤 행동은 대중이 알면 안 되는 숨은 부끄러움의 일일 수 있다.

평소 내가 알고 지내며 존중하던 형제인데 어느 날 죄에 빠져 타락했다는 소식을 들었던 때가 있다. 겉보기에는 멀쩡하여 존경을 한 몸에 받던 자였는데 그 마음에 속임이 가득했으니 사람 속은 알 수가 없다. 죄는 숨긴다고 절대로 숨지 않는다.

하나님은 당신이 하는 행동을 속속들이 다 아신다. 그래서 성경이 이렇게 말하는 것이다.

"너희 죄가 반드시 너희를 찾아낼 줄 알라"(민 32:23).

악행이 드러날 때, 당신을 사랑하는 자들과 당신에게 신뢰를 보내던 자들이 깊은 상처를 받으며 당신은 세상의 웃음거리가 된다. 세상 사람들은 얼마나 영악한지 하나님의 소유된 백성이 큰 잘못을 저지르면 마치 대단한 위업이라도 달성한 것처럼 기념한다는 사실을 우리는 종종 잊는다.

이런 부끄러운 꼴을 당하지 않으려면 어떻게 해야 하는가?

죄를 통회 자복하며 다시는 같은 짓을 하지 않아야 한다.

사탄에게 틈을 보이면, 그놈은 아예 쑤시고 들어오려 한다. 자리를 확보한 다음에는 견고한 진을 설치하여 당신을 아예 포로로 삼아버린다.

성령 안에서 살며 행한다고 해서
무죄한 자가 되거나 성화가 완성되는 것은 아니다.

그리스도인이라 해서 무죄하지 않다. 그러나 성령충만한 그리스도인은 하나님의 뜻을 아는 지식과 은혜 안에서 성장하기에 죄를 짓는 정도가 점점 더 줄어든다. 성령충만한 그리스도인이라도 순간적으로 연약해지면 자기가 누구에게 속한 사람인지 잊을 때가 있다. 오순절 날에 설교했던 사도 베드로도 그랬던 사람이다. 바울은 그의 모순된 행동을 거론했다.

일상생활에서 성령님과 친밀하게 교제하는 비결

"게바〔베드로〕가 안디옥에 이르렀을 때에 책망 받을 일이 있기로 내가 그를 대면하여 책망하였노라 야고보에게서 온 어떤 이들이 이르기 전에 게바가 이방인과 함께 먹다가 그들이 오매 그가 할례자들을 두려워하여 떠나 물러가매 남은 유대인들도 그와 같이 외식하므로 바나바도 그들의 외식에 유혹되었느니라 그러므로 나는 그들이 복음의 진리를 따라 바르게 행하지 아니함을 보고 모든 자 앞에서 게바에게 이르되 네가 유대인으로서 이방인을 따르고 유대인답게 살지 아니하면서 어찌하여 억지로 이방인을 유대인답게 살게 하려느냐 하였노라" (갈 2:11~15).

무슨 일이 있었던 것인가?

베드로는 태연자약하게 유대인과 이방인이 동석한 자리에 함께 앉아 식사하며, 그 두 집단 사이를 갈라놓았던 벽이 이방인을 교회가 받아줌으로써 제거되었다는 것을 과시했다. 먹던 중에 랍비의 가르침을 따라 유대인은 이방인과 구별되어야 한다고 가르치는 자들도 함께 예루살렘에서 안디옥으로 오자, 그들에게 들킬까봐 베드로가 이방인과 함께하던 자리를 떠나 물러갔다. 안디옥에 도착한 바울은 베드로에게 그것은 모순된 행동이라며 대놓고 면박을 줬다.

성령충만한 그리스도인이라도 옛 아담의 본성을 가지고 태어난다. 그래서 당신 속에서 옛사람과 새 사람이 항상 전쟁을 벌인다. 로마서 6장에서 바울은 당신의 옛사람은 죽여야 하고, 당신의 영적인 새 사람은 육성하고 양육해야 한다고 강력히 주장한다.

당신에게 정원이 있다면, 잡초는 제거하고 화초는 양분을 줘가며 잘 키우려고 힘쓸 것이다. 그것이 바로 당신이 살아야 하는 영적인 삶이다. 이것은 당신이 때맞춰 바른 선택을 해야 한다는 의미이다.

사람에게 좋게 할까? 아니면 주님을 기쁘시게 할까?

갈라디아인에게 보내는 편지에서 바울은 이 문제를 거론하며 이렇게 말한다.

"이제 내가 사람들에게 좋게 하랴 하나님께 좋게 하랴 사람들에게 기쁨을 구하랴 내가 지금까지 사람들의 기쁨을 구하였다면 그리스도의 종이 아니니라"(갈 1:10).

우리의 옛사람에게 봉사해야 할는지 아니면 하나님의 뜻에 순종하는 길을 따라야 할는지 선택해야 할 때도 있다. 하나님의 경고는 분명하다.

"그런즉 선 줄로 생각하는 자는 넘어질까 조심하라 사람이 감당할 시험 밖에는 너희가 당한 것이 없나니 오직 하나님은 미쁘사 너희가 감당하지 못할 시험 당함을 허락하지 아니하시고 시험 당할 즈음에 또한 피할 길을 내사 너희로 능히 감당하게 하시느니라"(고전 10:12~13).

성적 유혹에 넘어가 본인과 상대의 가족에게 골칫거리와 수치를 안겼을 뿐 아니라 주님께도 잘못을 한 어떤 유명한 기독교 지도자와 레스토랑에서 테이블을 사이에 두고 마주 앉아서 이런저런

일상생활에서 성령님과 친밀하게 교제하는 비결

대화를 했던 적이 있다. 나는 문득문득 이렇게 묻고 싶었다. "네가 한 짓을 누구한테 물어? 네가 제일 잘 알잖아!"

그러나 나는 그 질문은 하지 않았다. 어쨌든 그 친구는 간헐적으로 울면서, 그 여자와 무슨 죄를 저질렀는지 털어놓았다. 일정이 너무 빡빡하다보니 하나님의 말씀을 등한시했다는 것이다. 두 사람 다 아내나 남편과의 관계가 소원했다. 옛사람에게 찾아든 죄의 유혹은 너무나도 강력했다. 특권의식에 빠지니 심판의 소리가 귀에 닿지 않았고, 두 남녀 모두 잘못인 줄 뻔히 알면서도 이런 생각이 들었다고 한다.

"이번 한 번뿐인데 문제될 것 없어, 게다가 아무도 모르잖아."

오래전 18세기 영국인 시인 알렉산더 포프는 이런 글을 남겼다.

"타락은 흉물스럽게 생긴 괴물로서, 보기만 해도 소름이 끼친다. 그러나 자주 대하다 보면 그 얼굴이 눈에 익는다. 처음에는 참다가, 다음에는 동정이 가고, 그다음은 품게 된다." [69]

이는 오늘날에도 여전히 진리이다.

바울은 용서하심이 있다고 말한다. 그러나 이것은 세상 사람들의 기억에서 이런 식으로 이미지만 지우면 되는 일이 아니다.

"그 남자나 그 여자가 유혹을 뿌리칠 힘이 없었는데, 더 거론해 봤자 좋을 게 뭐가 있어?"

하나님이 하신 용서의 약속을 믿고 죄를 자백해야 한다. 우리도 또한 서로의 잘못을 용서해야 한다. 바울이 쓴 기록이다.

"너희가 무슨 일에든지 누구를 용서하면 나도 그리하고 내가 만일 용서한 일이 있으면 용서한 그것은 너희를 위하여 그리스도 앞에서 한 것이니 이는 우리로 사탄에게 속지 않게 하려 함이라 우리는 그 계책을 알지 못하는 바가 아니로라"(고후 2:10~11).

성령 안에서 살며 행하려면 사탄이 우는 사자와 같이 두루 다니며 삼킬 자를 찾는다는 것을 인식하고 늘 경계를 늦추지 말아야 한다. 우리는 반드시 "믿음을 굳건하게 하여 그를 대적하라"(벧전 5:9)는 명령에 순종해야 한다.

성령 안에서 살며 행한다고 고난이나 어려움을 당하지 않는 것은 아니다.

사람이라면 누구나 좋은 일과 힘든 일을 겪게 마련이다. 비는 의로운 자와 불의한 자에게 똑같이 내린다.

화재나 홍수는 사람을 가리지 않는다. 차이점은 발생한 일을 대하는 사람의 방식이다. 유혹은 내면에서 나오지만, 고난은 외부에서 온다. 다른 점은 하나님의 자녀인 우리에게는 피난처가 계시다는 것이고, 유혹이 우리 문을 두드릴 때 그분에게 도피하면 된다. 성령님은 우리가 의를 행할 힘이 부족할 때 우리의 친구이며 도움이시다.

다윗이 쓴 시편 61편에 이런 말씀이 나온다.

"하나님이여 나의 부르짖음을 들으시며 내 기도에 유의하소서 내 마음이 약해 질 때에 땅 끝에서부터 주께 부르짖으오리니 나보다 높은 바위에 나를 인도하소서 주는 나의 피난처시요 원수를 피하는 견

일상생활에서 성령님과 친밀하게 교제하는 비결

고한 망대이심이니이다 내가 영원히 주의 장막에 머물며 내가 주의 날개 아래로 피하리이다"(시 61:1~4).

한편, 성령 안에서 살며 행한다는 것은 당신 홀로 어려움에 맞서도록 내버려 두지 않는다는 의미이다. 성령께서 당신 안에 거하며, 당신에게 권세를 주고, 사망의 어두운 골짜기를 지나는 동안 내내 당신과 동행하신다.

성령 안에서 살며 행한다고 해서
사탄이 가하는 맹공격에 피해를 보지 않는 것은 아니다.

빌리 그레이엄이 명성을 얻기 시작하던 1940년대에 그와 함께 동역했던 청년이 있었다. 빌리는 그가 자기보다 설교를 훨씬 더 잘한다고 말했다. 그의 이름은 찰스 템플턴이다.

템플턴과 그레이엄은 십대선교회에서 함께 사역하였다. 이제 갓 성인이 된 청년들 20,000명 이상이 모인 어느 집회에서 템플턴이 설교하자 도전을 받은 청년들이 상당히 많이 예수 그리스도를 영접하며 주님을 따르기로 했다. 그런데 그 시기에 그 두 친구는 갈림길에 서야 했다.

지금도 남부 캘리포니아에 있는 포레스트 홈 크리스천 컨퍼런스 센터(Forest Home Christian Conference Center)에 가면, 빌리 그레이엄이 성경은 하나님의 말씀이란 것을 다시는 의심하지 않겠다고 맹세한 지점을 알리는 금속 명판이 나무에 붙어있다.

그레이엄하면 항상 따르는 것이 그가 무엇을 권위 있게 강조할 때마다 하는 말인 "성경이 말씀하기를...."이다. 이 분은 현존하는 설교자 가운데 평생에 가장 많은 사람에게 복음을 전파해 온 전도자이다.

프린스턴 신학교에 다니면서, 템플턴은 저명한 무신론자들의 저서를 읽기 시작했다. 그의 책 "일상의 회고록"(An Anecdotal Memoir)에 이렇게 적혀있다.

"토마스 페인의 '이성의 시대'(The Age of Reason)을 꺼내 들었다. 불과 몇 시간 만에, 기독교 신앙에 대해 내가 알거나 믿던 거의 모든 것에 의심이 생겼고 일부는 뒤집혔다."

다음으로 그가 읽은 책은 볼테르의 "끝장낸 성경"(The Bible Explained at Last)이었고, 버트런드 러셀의 "나는 왜 기독교인이 아닌가?"(Why I am Not a Christian)였다. 아무리 탐구해도 의문은 가시지 않고 악순환만 계속하다가 그 잘나가던 사역을 그만두기로 했다.

템플턴이 남긴 마지막 저서는 "하나님과의 작별: 기독교 신앙을 거부하는 나의 이유"(Farewell to God: My Reasons for Rejecting the Christian Faith)였다.

템플턴이 죽기 며칠 전 기독교 변증가인 리 스트로벨이 토론토에 있는 그의 집에 방문하여 인터뷰했다. 인터뷰가 무르익어갈 무렵, 템플턴이 약간 향수에 젖어 이렇게 말했다.

"내가 봤을 때, 그[예수 그리스도]는 실제로 존재했던 가장 훌륭한 분이야."

스트로벨은 이렇게 책에 썼다.

"나는 템플턴이 그런 말을 할 줄 전혀 예기치 못했다. '이런 말 하기는 뭐하지만...' 기어들어가는 목소리로 '나 그리워... 그분이!'라고 말했다. 그리고 그 말과 더불어, 그의 두 눈에서 눈물이 주르륵 흘렀다. 고개를 돌리고 푹 숙이더니, 왼손으로 얼굴을 가리며 나의 시선을 피했다. 그의 어깨는 북받쳐 흐르는 눈물에 들썩였다." [70]

당신의 믿음을 키우라!

그리고 만약에 의심이 생기면, 그 의심을 믿거나 당신이 가진 믿음을 의심하지 말고, 해답을 찾아라. 사탄이 증거 불충분을 문제 삼아 당신을 공격하지 못하게 하라. 조금도 틈을 주지 말라!

무엇이 성령님과 동행하는 삶인가?

성령 안에서 살며 행한다는 것은 삶에서 부족한 것들과 주변 사람들과의 관계를 위해서 오늘의 흡족한 하나님의 은혜를 받는다는 뜻이다.

당신은 하늘에 계신 아버지가 사랑으로 맘껏 공급해 주시는 하나님의 은혜가 무진장 저장된 거대한 저수지에 연결되어 있다. 이것은 당신의 삶은 주님께 절대적으로 완전히 달려 있다는 의미이다. 그래서 당신에게 내재한 그 위력적인 죄의 본성을 알아차린 상태에서 날마다 당신이 직면하는 부족함을 채우기 위해 성령으로 충만함을 받게 해달라고 주님께 기도해야 한다.

우리의 부족함을 채워주시는 하나님과 연결하는 방법은 오직 한가지이다. 바로 하나님의 말씀에 적힌 약속들을 붙잡고 매일 진심으로 간절하게 기도하는 것이다. 예수님이 몸소 우리를 위해 본을 보여 주셨다. 마가가 한 증언이다.

"새벽 아직도 밝기 전에 예수께서 일어나 나가 한적한 곳으로 가사 거기서 기도하시더니"(막 1:35).

스스로 깨우쳐 20세기 최고의 복음주의적 지도자가 되었던 A. W. 토저는 매일 일찍 일어나 시간을 정해놓고 기도와 말씀에 전념했다. 그는 시작할 때 곧잘 에드워드 카스웰이 번역한 고대 독일 찬송가 가사를 낭송하곤 했다. 한 구절 소개하면 이렇다.

"아침에 하늘이 밝게 빛날 때,
내 영혼 깨어나 노래해.
예수 그리스도여 찬양받으소서!
쉬지 않고 기도하러 예수께 나 왔으니,
예수 그리스도여 찬양받으소서!"

토저에게 영감을 얻어, 나도 가능하면 언제든지 아침 해가 새벽 어스름을 깨고 올라오는 것을 보면서 그렇게 찬송 가사 낭송하기를 실천한 다음에 온종일 나와 동행하여 달라고 주님께 기도와 간구를 드린다.

내가 개인적으로 경험한 바에 따르면, 주님과 함께하는 시간을 우선순위에 두고(기상하자마자 하는 것이 제일 좋음), 그 시간에 언약의 말씀을 흡수하지 않으면, 당신의 영적인 생활은 마치 아침과 모닝 커피나 차를 건너뛴 사람의 몸처럼 맥을 못 추거나 무기력해진다.

혹시 런던에 갈 일이 생긴다면, 특별히 웨슬리 채플과 그 교회 근방에 있는 존 웨슬리 생가에 꼭 가볼 것을 권하고 싶다.

웨슬리는 그것을 1779년에 건축했고 그의 생애에서 마지막 12년 동안 주로 그 집에서 지냈다고 한다. 그의 난방이 없는 침실에는 오직 두 가지 물품만 들여놓은 옷장만한 작은 방이 딸려 있다. 그것은 무릎을 꿇을 수 있는 기도용 의자와 그가 보던 헬라어 신약 성경이다.

"그의 기도 골방을 전 세계 감리교인은 감리교단의 능력의 산실로 여긴다." [71)

그 작은 크기의 목사 사택을 당신에게 보여주는 안내인에게서 웨슬리는 여름에는 새벽 4시에 그리고 겨울에는 새벽 5시에 기상하여 하루 두 시간씩 기도했다는 말을 들을 수 있다.

하나님의 말씀에는 우리를 위한 주님의 약속들이 담겨있다. 그리고 기도는 하늘에 계신 하나님 아버지와 우리를 연결해 준다. 성경책 외에, 두 가지 다른 용품도 챙기라고 당신에게 권한다. 기도 제목과 당신이 받은 기도 응답을 일지로 기록할 수 있는 기도 노트 한 권과 당신의 영혼에 감동을 주는 찬송가나 복음 성가집을 준비하라.

"나는 기도할 시간이 없어요"라고 당당하게 말하는 것은 실제로는 "나는 기도한다고 좋아지는 것은 하나도 없다고 생각해요"라고 떠드는 것이다. 성령 안에서 살며 행하는 삶을 배울 수 있는 한 가지 비결은 인생에서 가장 중요한 일이 무엇인지 알아 그것을 제 일 순위에 두고 실천하는데 있다.

성령 안에서 살며 행한다는 것은
영적인 새 사람은 키우고 육체의 정욕을 따르는
옛사람을 굶어죽게 하는 것을 의미한다.

바울이 로마서 7장에서 묘사한 싸움은 거의 모든 사람이 겪는 다툼이다. 모래판에서 벌이는 씨름 경기처럼 일단 한번 경기가 시작되었으면 끝을 볼 때까지 선을 넘지 않고 주되신 예수 그리스도께 충성을 다 바쳐서 불굴의 투지로 싸워야 한다.

바울 역시 개인적으로 죄성, 정욕, 육체적 본능이 아우러진 육체의 소욕과 전투를 벌였다.

"그러므로 내가 한 법을 깨달았노니 곧 선을 행하기 원하는 나에게 악이 함께 있는 것이로다 내 속사람으로는 하나님의 법을 즐거워하되 내 지체 속에서 한 다른 법이 내 마음의 법과 싸워 내 지체 속에 있는 죄의 법으로 나를 사로잡는 것을 보는도다 오호라 나는 곤고한 사람이로다 이 사망의 몸에서 누가 나를 건져내랴 우리 주 예수 그리스도로 말미암아 하나님께 감사하리로다"(롬 7:21~25).

육체의 소욕과 성령의 소욕 사이에 벌어지는 싸움에서 이기는

일상생활에서 성령님과 친밀하게 교제하는 비결

승자는 죄의 본성과 함께 그 정욕과 탐심을 십자가에 못 박아 더는 욕정이 끓어오르지 못하도록 원인을 제거한 사람이다. 인간의 욕정이 발동하는 부분은 권세욕, 물욕, 성욕 등이다.

육체와의 싸움에서 이긴 자였던 바울은 갈라디아인에게 그 비결을 공개한다.

"내가 그리스도와 함께 십자가에 못 박혔나니 그런즉 이제는 내가 사는 것이 아니요 오직 내 안에 그리스도께서 사시는 것이라 이제 내가 육체 가운데 사는 것은 나를 사랑하사 나를 위하여 자기 자신을 버리신 하나님의 아들을 믿는 믿음 안에서 사는 것이라"(갈 2:20).

우리 중 대다수는 신문이나 잡지가 없는 고적한 기도원이나 수도원에 몸을 은둔할 형편이 못 된다. 그리고 하나님이 끊으라고 했다면서 인터넷이나 텔레비전 없이 지내라고 강요할 것도 아니다. 하지만 어쨌든 우리는 믿음을 키워야 하며 옛사람에게 끌려 다니지 않도록 사전에 미리 꼬투리가 될 만한 요소들은 다 차단해야 한다.

토마스 보스턴이 쓴 글이다.

"사람이 자신의 순수성을 지키려면 몸을 굴복시켜야 한다. 그러려면 어떤 경우에는 거룩한 강제력을 동원해 한다."[72]

이런 생각은 바울이 고린도인에게 했던 말과 맥락이 같다.

"내가 내 몸을 쳐 복종하게 함은 내가 남에게 전파한 후에 자신이 도리어 버림을 당할까 두려워함이로다"(고전 9:27).

"버림을 당하다"라는 말은 상인이 도시에 식료품을 들여놓을 때 성문에서 통관을 맡은 감독관이 그 먹거리를 조사하여 시장 판매

불가 판정을 내려야 할 경우 물품에 도장을 찍거나 표시하는 "아도키모스"(adokimos) 곧 불합격이란 단어이다.

성령 안에서 살며 행하기 위해서 예수님을 당신의 주님으로 선택하여 그분에게 몸과 마음을 바쳐 충성을 다 해야 한다. 예수님이 하신 말씀이다.

"한 사람이 두 주인을 섬기지 못할 것이니 혹 이를 미워하고 저를 사랑하거나 혹 이를 중히 여기고 저를 경히 여김이라 너희가 하나님과 재물을 겸하여 섬기지 못하느니라"(마 6:24). 꼭 그래야만 한다.

성령 안에서 살며 행하려면
죄와 악행을 즉시 자백해야 한다.

한번은 어떤 사람이 오랫동안 교회에 다니지 않은 것을 뉘우치며 천주교회에 고해성사하러 갔다. 고해실에 들어간 그가 먼저 말을 꺼냈다.

"자, 신부님이 먼저 말씀해 보세요!"

물론, 이는 웃자고 하는 소리이지만, 말 그대로 우리는 모두 죄인이다. 바울은 로마인에게 말하기를 "의인은 없나니 하나도 없으며"(롬 3:10)라고 했다. 예수님의 이복동생인 야고보는 이렇게 썼다.

"그러므로 너희 죄를 서로 고백하며 병이 낫기를 위하여 서로 기도하라 의인의 간구는 역사하는 힘이 큼이니라"(약 5:16).

지금은 크루(Cru)라고 명칭이 바뀐 대학생선교회의 설립자인 빌 브라이트는 죄의 자백을, 우리가 자각한 죄악을 내쉬고 죄와 악행을 극복하게 하시는 성령님의 능력을 들이마시는 것이라며 들숨과 날숨에 비유하여 묘사했다. 이는 요한이 기록한 이러한 말씀에 부합한다(이미 앞에서 인용했었음).

"만일 우리가 우리 죄를 자백하면 그는 미쁘시고 의로우사 우리 죄를 사하시며 우리를 모든 불의에서 깨끗하게 하실 것이요 만일 우리가 범죄하지 아니하였다 하면 하나님을 거짓말하는 이로 만드는 것이니 또한 그의 말씀이 우리 속에 있지 아니하니라"(요일 1:9~10).

성령 안에서 살며 행하려면
귀에 들리지는 않지만 하나님의 영의 음성을 분간하는 법과
성령의 인도하는 손길을 느낄 수 있는 감각을 익혀야 한다.

앞을 못 보는 어떤 사람이 길모퉁이에 서서 이제 막 자동차 열쇠를 호주머니에서 꺼내든 친구에게 말을 건넨다.

"뭔가 바닥에 떨어진 것 같아!"

친구가 인도 바닥을 내려다보니 자기가 방금 열쇠를 꺼낼 때 떨어졌던 동전 한 개가 있었다. 그것을 집어 올리면서 말한다.

"앞이 안 보이는데, 어떻게 떨어진 것을 알았어?"

그 맹인이 대답했다.

"익숙해 지다보니, 남들에게 안 들리는 것이 내 귀에는 들려."

성령의 인도를 받는데 익숙해진 성령충만한 그리스도인도 마찬가지이다. 하나님의 영의 음성은 정다우면서 매우 또렷하다. 그렇지만 성령으로 충만한 형제자매는 그것이 하나님의 영의 인도하심인지 아니면 육신의 정욕에서 나온 의지인지 분간하는 법을 익혀야 한다.

구별하는 방법은 그리 어렵지 않다. 하나님의 영께서는 성경에 계시한 하나님의 뜻에 반대되는 일은 그 어떤 것도 허락하지 않으신다.

한 여성이 나에게 상담하러 방문한 적이 있다. 대화 도중에 그녀는 성령님이 불신자인 남편과 헤어져 자기더러 여자 동성애자인 레즈비언이 되라고 했다한다. 그 여성을 부추겼던 그 영이 뭔지는 몰라도 성령님은 아니다!

당신에게 다가와서 하나님의 영이 자기에게 당신이 할 일을 일러 주었다고 말하는 사람들을 조심하라. 그런 종류의 일을 알려주는 개인들은 대개 사적으로 무슨 꿍꿍이가 있다. 이렇게 대처해야 한다.

"정녕 하나님의 영이 나에게 당신이 알려준 대로 행하라고 하시면, 나는 순종할 것입니다. 하지만 지금 당장은 아닙니다."

마음에 느껴지는 요구가 성령님의 인도하심인지, 당신 자신의 욕구인지, 아니면 다른 사람의 의지인지 분별하려면 반드시 여러 차례 스스로 자문해 봐야 한다. 예수님이 아버지의 말씀을 전달하셨듯이 성령님은 예수님의 말씀을 명확하게 전해 주신다. 오늘날

일상생활에서 성령님과 친밀하게 교제하는 비결

우리는 잘 분간하여 2,000년 전 제자들이 그랬던 것처럼 예수님의 음성을 명료하게 들을 수 있어야 한다. 크레이그 키너는 그의 책 "성령에 관한 세 가지 매우 중요한 질문"(3 Crucial Questions about the Holy Spirit)에서 이렇게 말한다.

"성경에 기록한 하나님의 음성을 제대로 잘 배운 사람들은 과연 그들의 마음에 들리는 음성이 성령님의 것인지 아닌지 알아차릴 수 있다." [73]

다음 질문들은 당신 내면에서 들리는 음성이 하나님의 영의 것인지 아니면 당신 자신의 의지에서 나온 것인지 분간하는데 도움이 될 것이다.

(1) 나는 진정으로 하나님의 뜻을 원하는가?

(2) 나는 나 자신의 뜻이라면 기꺼이 버리겠는가?

(3) 나는 솔직하게 하나님께 "주님의 뜻이 이루어지이다"라고 말할 수 있는가?

(4) 나는 어디로 인도하시든지 하나님의 뜻에 따르기로 하였는가?

(5) 나는 내 마음을 살펴보며 하나도 숨김없이 그릇된 동기들을 제거해 달라고 하나님께 기도하였는가?

(6) 내가 하려는 행동이 성경 말씀에 일치하는가?

(7) 나는 주님과 동행하는 것을 실제 삶으로 보여준 선진들의 농익은 여러 믿음의 조언을 잘 알고 있는가?

기도하는 그 시간에, 하나님의 뜻을 곰곰 생각하며, 마음에 하나님이 기뻐하신다는 느낌이 들면 그것을 행하기도 한다. 그러나 성령님의 인도하는 손길과 우리가 내린 결정이 얼마나 중요한지 분명하게 알 수 있는 시점은 사실 세월이 흘러 지나온 날을 회상할 때뿐이다.

성령 안에서 살며 행하면
영적인 균형을 잃지 않는다.

기분이 최고치로 올랐다가 최저점으로 떨어지기를 주기적으로 반복하는 사람을 가리켜 양극성 정서장애가 있다고 진단한다. 이와 비슷하게 때로 최고와 최저로 "영적 상태가 오르락내리락하는" 그리스도인이 많은 편이다. 주님과 동행하면서도 이렇듯 영적으로 롤러코스터를 타는 분들을 보면, 때에 따라서 영적으로 치솟아 올랐다가, 어떤 자극을 받으면 기분이 아래로 곤두박질하면서 마치 하나님이 그 남자나 여자를 버리고 더는 돌보지 않으신다는 감정에 싸여 깊은 어두운 골짜기 속에 처박힌다.

물론 사탄은 그런 감정의 기복을 이용하여 도전한다.

그래서 의심과 혼란을 일으킨다. 성령님 안에서 행하는 사람은 하나님의 자녀는 정상을 정복하는 체험도 하고, 어떤 때는 골짜기에 빠져 캄캄한 세월을 보낼 수도 있다는 것을 온전히 인정한다. 그렇지만 하나님의 자녀에게 일어나는 모든 일은 아버지께서 그 손가락으로 걸러낸 다음 주신 것이란 사실도 안다. 성령충만한 형제자매는 주님이 늘 함께하며, 그분의 영이 권능을 주고, 도우셔서 자신이 처한 환경에서 하나님이 자신에게 유익한 교훈을 얻게 한다는 것을 잘 알기에 바울처럼 "모든 일에 하나님께 감사하노라"라고 말한다.

바울만큼 어렵고 힘든 고난을 겪으며 인생을 살았던 자도 없다. 빌립보 사람들에게 바울은 이런 편지를 보낸다.

"나는 비천에 처할 줄도 알고 풍부에 처할 줄도 알아 모든 일 곧 배부름과 배고픔과 풍부와 궁핍에도 처할 줄 아는 일체의 비결을 배웠노라 내게 능력 주시는 자 안에서 내가 모든 것을 할 수 있느니라"(빌 4:12~13).

바울과 똑같은 태도를 가질 방법은 하나뿐이다.

하나님의 말씀이 사실이란 것을 확실히 이해하는 가운데, 주님이 작정하신 일을 당신 안에서 당신을 통해서 성취하실 수 있도록 매일 주님과 소통하는 것이다.

대개 19세기의 가장 위대한 성경강해 설교가로 꼽히는 찰스 하돈 스펄전은 57세까지 살았다. "설교의 왕자"로 통하는 스펄전은 자신의 장점보다는 본인에게 닥쳤던 여러 가지 도전을 훨씬 더 많이 설교 내용에 담았다. 33세에 그의 아내가 병에 걸려 남편의 설교를 거의 듣지 못했다. 스펄전 자신도 통풍, 류머티즘, 신장병을 앓았고, 종교적 좌파와 우파 양측으로부터 공격을 받았다. 우울한 정도가 심화하면, 침대에 누워 아예 일어날 수 없을 정도였다. 그럴 때마다 하나님이 자기에게 너무하신다고 느꼈을까? 그가 남긴 글이다.

"통풍이 발작하여 살을 에는 듯한 극심한 통증이 몰려오면 나는 그 통증이 하나님이 나에게 보낸 것이라고 눈곱만큼도 생각지 않았다. 주님이 남긴 쓴잔을 채우는 것도 아니다. 나의 고통을 언감생심 주님의 것과 비교할 수 없다. 주님이 당하신 그 무겁고 엄청났던 고난을 내가 받는 것이 아니다." [74)

빨강 머리의 아일랜드 여성인 메리 슬레서라고 하는 알려지지 않은 믿음의 영웅이 있었다. 메리는 칠 남매 중 둘째로 1848년에 스코틀랜드 애버딘에 있는 매우 가난한 노동자 계급의 가정에서 태어났다. 그녀는 10대 청소년시절, 일과 중 반은 방앗간에서 노동했고, 반은 학교에서 공부했다. 성장기에 보수적인 장로교의 영향을 받고 자란 메리는 27살에 데이비드 리빙스턴 선교사의 죽음에 대하여 배웠고, 자신도 그의 발자취를 따르기로 했다.

칼라바르(오늘날의 나이지리아)라는 지역에서 봉사하면서, 메리는 토착 부족의 관습과 강력하게 싸우면서 많은 신생아의 목숨을 구했다. 그녀가 일했던 부락의 에피크족은 쌍둥이가 태어나면 한 명은 악귀가 낳은 자식이라고 믿었다. 또한 원주민들은 그 아기가 악귀의 자식이란 것을 보증하는 담보물도 보내야 한다며 둘을 다 죽였다.

메리는 60대 중반에 말라리아에 걸려 몸이 쇠약해져서 치료차 고향땅 스코틀랜드로 돌아왔다. 그곳에 있는 동안, 친구들이 그녀가 혼자 말하곤 한다는 것을 알고, 오지에서 오랜 세월 혼자 지내다보니 정신병에 걸린 것 같다면서 치료를 받아야 한다고 야단법석을 떨었다. 한사람이 그녀가 자주 조용히 웅얼거리면서 혼자 말한다는 사실을 지적하자, 메리가 이렇게 말했다.

"나는 단순히 예수님에게 말하고 있던 거야!"

도리어 그것은 그녀가 험난한 환경 안에서 자신이 해야 할 일을 할 수 있도록 성령님의 능력을 구하며 제정신을 유지하기 위해 애쓰는 중에 자연스레 생긴 습관이었다.

나는 당신에게 업무 중에 남들 모르게 "속으로 속삭이며 말하라"고 제안하는 것이 아니다. 성령 안에서 살며 행하기 위해서 하루 24시간 1주 7일 동안 주님과 함께하라는 말이다.

성령 안에서 살며 행한다는 것은
영적 전쟁을 치러야 한다는 뜻이다.

우리는 자주 바울이 에베소인에게 성령으로 충만함을 받으라고 말한 다음에 이어서 영적 전쟁에 대하여 짧게 몇 구절 교훈한 내용을 잊는다.

성경은 그리스도 안에서 경건하게 사는 자들은 반대에 직면한다고 명시한다. 약 2,000년가량의 기독교 역사가 그것을 명명백백하게 보여준다. 때로 성령으로 충만한 형제자매가 동네나 직장에서 말없이 영향을 끼치자 공연히 트집이 나서 그리스도를 핑계 삼아 반대하기도 한다.

방해나 반대가 일어났을 때, 바울이 에베소인에게 쓴 영적 전쟁에 대하여 기억을 되살리라(엡 6:10~19 참조). 그런 다음 나도 종종 자문하는 몇 가지 질문을 당신 자신에게 해보라.

지금 생긴 이 문제는 타이어에 바람이 빠지고, 컴퓨터가 멈추고, 비행기 운항이 취소되고, 일정이 뒤죽박죽되고, 사람들이 당신을 실망하게 하는 등 타락한 세상에서 흔히 있는 일이 아닌가?

이 싸움이나 문제는 사탄의 공격 때문인가?

가령 당신의 자녀를 가르치는 교사가 수업시간에 기독교적 가치관을 헐뜯거나 부적절한 행동을 보일 수도 있고, 또는 당신이 이의를 주장했을 때, 당신의 가치관이 기독교적 관점이라는 이유로 집중공격을 받을 수도 있다. 그런 유의 반대는 예상 가능하다.

내가 해서는 안 되는 일이거나, 나 좋아지라고 하는 행동이기에 하나님이 막으시는 것은 아닐까? 혹 지금은 알지 못하지만 내 것보다 훨씬 더 좋은 계획을 하나님이 세워 두신 것은 아닐까?

성령 안에서 살며 행한다는 것은 이해가 안 되는 부분이 있더라도 주님을 신뢰하며, 그분 안에 머무는 가운데, 고난이 와도 그분이 감당할 힘을 주사 그 과정에서 예수 그리스도께 영광을 돌리도록 도우신다는 확신으로 그분과 믿음의 보조를 맞추며 전진하는 것을 의미한다.

원수가 발악하는 영토에 산다는 것은 때에 따라서는 우리의 명예가 훼손될 수도 있고, 학대받을 수도 있고, 진가를 인정받지 못

일상생활에서 성령님과 친밀하게 교제하는 비결

할 수도 있으며, 그리고, 그렇다, 심지어 믿음으로 인한 박해를 당할 수도 있다는 의미이다. 예수님이 제자들에게 하셨던 말씀이 생각난다.

"인자로 말미암아 사람들이 너희를 미워하며 멀리하고 욕하고 너희 이름을 악하다 하여 버릴 때에는 너희에게 복이 있도다 그 날에 기뻐하고 뛰놀라 하늘에서 너희 상이 큼이라 그들의 조상들이 선지자들에게 이와 같이 하였느니라"(눅 6:22~23).

스데반이 예루살렘에서 돌에 맞아 죽었던 그 날부터 오늘날에 이르기까지, 중동에서 가해지는 믿는 자에 대한 탄압은 물론이고, 그리스도인은 사회에서 하찮은 존재로 분류되며, 가끔은 공공연한 박해의 대상이 되었다. 1953년에 존 폭스가 출간한 "순교자들의 명부"(Book of Martyrs)에 적힌 내용과 최신 뉴스를 비교해 보면, 박해가 여전히 진행 중이라는 것을 알 수 있다.[75] 그러나 하나님이 모르거나 막지 못할 일이라면 아예 일어나지도 않는다는 것을 반드시 명심해야 한다. 이런 실제적인 지혜를 우리가 자주 망각한다.

나는 네덜란드 개혁주의 선교사로 남아프리카에서 근 60년간 사역하던 영국계 목사 앤드류 머레이가 기고한 글을 잘라서 성경책 속에 끼워놓고 두고두고 여러 세대에 걸쳐 음미해 오고 있다. 머레이가 쓴 글이다.

"하나님이 신임하는 자녀가 하는 말-

●첫마디 : 그분이 나를 이곳에 데려다 놓으셨다. 나 있는 곳이 평탄한[험난한] 것은 하나님의 뜻이다. 거기서 내가 거한다.

●다음 마디 : 그분은 여기 있는 나를 사랑으로 지키며, 그분의 자녀답게 행동하게끔 이 환난 중에도 나에게 은혜를 주신다.

●그다음 마디 : 그분은 환난을 축복으로 만들고, 그분이 내게 알려주려고 작정한 그 실제적인 지혜를 가르치며, 그분이 주려한 그 은혜가 내 안에서 작용하게 하신다.

●끝마디 : 그분의 시간에 맞춰, 그분이 다시 나를 옮기실 수 있다. 방법과 시기는 그분이 아신다.

●맺음말 : 내가 여기 있는 것은 -

1. 하나님의 정하심으로 인해.

2. 그분의 보호 속에.

3. 그분의 훈련하심 아래,

4. 그분이 정하신 시간 동안.

머레이의 글 맨 마지막에는 시편 50편 15절 말씀이 있다.

"환난 날에 나를 부르라 내가 너를 건지리니 네가 나를 영화롭게 하리로다."

참 상냥했던 중국인 형제가 21년간 옥고를 치르면서 겪었던 일을 자세하게 얘기해 주었는데 지금도 기억 속에 생생하다.

누명을 쓰고 옥살이를 하는 동안 가족들과 연락이 끊겼다. 또한 몹시 사랑했던 여자가 있었는데 말로는 투옥된 동안 언제까지라도 기다리겠다고 해놓고서 이후에 다른 사람과 결혼했다. 그가 하던 말을 잠깐 멈춘 사이에, 내가 물었다.

"당신을 억울하게 한 공안들을 증오하나요?"

얼른 그가 회답했다.

"어떻게 공안들을 증오해요? 하나님이 허락하시지 않았다면 그랬을 리 만무하죠!"

또 다른 중국인 친구도 깜깜한 감옥에서 9개월 동안 옥살이를 했다. 그에게 배식되는 변변치 않은 음식은 수용실 철문 아래 벌어진 틈 사이로 밀어 넣어졌다. 최종적으로 석방된 후에, 미국에 가도 된다는 승인이 났다. 그는 격 없이 지내는 친구에서 편지를 보냈다.

"지금 내가 가장 그리워하는 것은 독방에 감금된 동안 예수님과 함께하던 그 조용하고 친밀한 교제의 순간들이야."

사도 바울이 갈라디아인에게 쓴 글이 생각난다.

"만일 우리가 성령으로 살면 또한 성령으로 행할지니"(갈 5:25).

"하나님 아버지께서 당신 안에 그분을 향한 간절한 갈망을 불어넣으시고, 성자 하나님께서 당신의 변함없는 벗이 되어 주시며, 성령 하나님께서 당신의 갈증을 해소하사, 당신을 성령으로 충만하게 하시고, 당신에게 권능과 강함을 주사 성령님과 한걸음씩 동행하게 하시며, 당신이 만나는 사람들에게 성부, 성자, 성령의 사랑을 베풀어 주길 기도한다! 아멘."

(주)

68. A.W. Tozer, Gems from Tozer: Selections from the Writings of A.W. Tozer (Camp Hill, PA: Christian Publications, 1979), 6.

69. "Quote by Alexander Pope," GoodReads, 접속일 : 2016년 6월 30일, http://www.goodreads.com/quotes/94296-vice-is-a-monster-of-so-frightful-mien-as-to

70. Lee Strobel, The Case for Faith (Grand Rapids, MI: Zondervan Publishing House, 2000), 22.

71. "What is John Wesley's House?", Wesley's Chapel, 접속일 : 2016년 6월 30일, http://www.wesleyschapel.org.uk/house.htm

72. Thomas Boston as quoted by Jerry Bridges, The Pursuit of Holiness (Colorado Springs, CO: Navpress, 1991), 113.

73. Craig Keener, 3 Crucial Questions about the Holy Spirit (Grand Rapids, MI: Baker Book House, 1996), 173.

74. 존 파이퍼가 인용한 찰스 스펄전 "Charles Spurgeon: Preaching Through Adversity" http://www.desiringgod.org/messages/charles-spurgeon-preaching-through-adversity

75. 박해에 대하여 심도 있게 다룬 내용은 이 책을 참조할 것. James and Marti Hefley, By Their Blood (Baker Books, 1979). 박해에 대한 최신 보고는 이 책을 참조할 것. Paul Marshall, Lela Gilbert, and Nina Shea., Persecuted: The Global Assault on Christians (Thomas Nelson, 2013).

제 7 장

성령님은 당신의 미래 계획을 다시 쓰신다

"주님, 용서받은 죄인인 저를
이제 거룩하게 하옵소서."

로버트 머리 맥체인 [76]

구약의 예레미야에는 타락한 이스라엘 민족을 향해 눈물의 선
지자가 멸망을 예고하는 다소 불길한 예언으로 가득하다. 그럼에도
불구하고 하나님은 이스라엘에 회복을 약속하신다. 전능자가 하시
는 말씀이다.

"너희를 향한 나의 생각을 내가 아나니 평안이요 재앙이 아니니라
너희에게 미래와 희망을 주는 것이니라 너희가 내게 부르짖으며 내게
와서 기도하면 내가 너희들의 기도를 들을 것이요 너희가 온 마음으
로 나를 구하면 나를 찾을 것이요 나를 만나리라"(렘 29:11~13).

하나님은 사람을 항상 놀라게 하신다.

당신이 자기 뜻을 하나님에 맞추어 조정하면, 성령님이 당신의
미래 전략을 다시 짜주시는 좋은 일이 생긴다. 최소한 나에게는 전
혀 기대도 못했던 그런 뜻밖에 좋은 일이 생겼다.

그 일은 1974년 1월 마지막 월요일 저녁에 일어났다.

그날 저녁에 나는 침실에 가서 밤새 푹 자야겠다고 생각했다.
하지만 내가 목회하던 교회의 집사님 한분이 찾아와서 교회 일을
상의하는 바람에 그렇게 하지 못했다. 얘기를 끝낸 후 침실로 돌아

가서 자리에 누웠지만 잠이 오지 않아 성경책을 읽었다.

당시에 나는 고린도전서 13장을 중심으로 시리즈 설교를 하던 중이었다. 밤 깊은 시간까지 바울이 고린도인을 위해 쓴 내용이 뭘까 숙고했다. 다음 장을 읽고 있는데, 문득 내가 성령의 일에 대해 별로 갈급해 하지 않는다는 것을 깨달았다. 순간 한 대 얻어맞은 것 같은 생각이 들었다. '바울이 계속 얘기하는 사랑이 내 마음에 없고, 실제로 성령으로 충만함을 받고자 하는 열의도 없잖아.'

성경책을 덮고, 침대 옆에 무릎을 꿇었다. 괴로워하는 내 마음을 주님께 쏟아놓기 시작했다. 드와이트 L. 무디가 뉴욕에 있는 위층 골방에서 성령님을 만난 것과 거의 똑같이 2시간 내내 무아지경에 빠져서 내심을 모조리 토로했다. 성령님을 만나 내 삶이 달라졌다는 것을 부끄러워하며 숨기지 않겠다고 하나님께 약속하기는 했지만, 지금까지 딱히 그것을 공개적으로 말하지 않았다. 그러나 이 책을 쓰면서 나도 역시 이렇게 체험했노라고 독자에게 밝히지 않으면 안 될 것 같다.

하나님 앞에서 무릎을 꿇고 두 시간동안 기도한 결과 나의 인생과 미래 두 가지 모두 달라졌다.

어떻게 내 삶이 달라졌을까?

중요한 것은 하나님이 나의 마음을 바꿔 놓으셨다는 것이다. 그 결과 나 자신보다는 도리어 다른 사람을 사랑할 수 있는 능력이 생겼다.

일상생활에서 성령님과 친밀하게 교제하는 비결

내가 될 수 있는 대로 침묵하며 그 체험을 널리 알리지 않았던 단적인 이유는, 지금 되짚어보면, 나의 형편없던 과거의 인간됨됨이 때문이다.

어떠했을까?

나는 거만하게 뽐이나 냈고, 거기다 쌀쌀맞기까지 한, 밥맛 떨어지는 인간이었다. 학사 학위를 받을 때, 학내 전체 수석 졸업자 장학금을 수상했다. 6년 6개월 동안 헬라어 과목을 이수한 수강생 중에 내가 받은 최고 점수를 깬 자가 없다.

졸업선물로 부모님이 나에게 신형 자동차 폰티악 보네빌을 사주셨다. 나의 이상형이었던 멋진 여자가 내 아내가 되었고 세 명의 아름다운 자녀를 낳아주었다. 목회를 시작하자 우리 지역에서 가장 급성장하는 교회가 되었고, 연이어서 예배당 신축도 하였으며, 교세가 첫해 12개월 만에 두 배 가까이 되었고, 이듬해에는 12개월 만에 세 배로 늘었으니 세상에 눈에 뵈는 게 없었다.

뒤돌아보면, 내 인생이 바뀐 것은 내가 의도했던 것이 아니다. 그것은 과수원에서 자연스럽게 열매가 맺히는 것처럼 진행되었다. 더러 나더러 "달라졌어요"라고 얘기하는 사람들이 생겼다. 또는, "그런 분인 줄 진즉에 몰라봤어요. 예전과 달라요."라고도 했다. 교인들도 여기저기서 내 설교가 달라졌다고 웅성거렸다. 지구 반대편에서도 전화로 비슷한 말들을 했다.

내게 일어났던 일은 하나님께서 성령에 대하여 내가 알고 있는 것 – 275쪽 분량의 성령을 주제로 쓴 박사논문같이, 머리에만 들어있는 지식 —을 가져다가 내 영혼 속에 그대로 옮겨 놓으신 것이다. 나는 훨씬 더 사랑하는 남편, 더 나은 아빠, 관심과 측은지심으로 더 잘 경청하는 사람이 되었다.

돌이켜 생각하면, 하나님이 아시아를 비롯하여 세계 여러 지역에서 사역하도록 나를 빚어 만들고 계셨다는 확신이 생긴다. 내가 성령님을 만난 지 불과 몇 주 만에 극동방송 전 세계 대표였던 로버트 보우먼이 우리를 필리핀으로 초청했다. 비록 우리는 FEBC의 공식 직원은 아니었지만, 아시아로 가서, 거기서부터 시작하여 결국 세계 여러 나라로 다니게 되었다.

끝으로, 하나님이 당신을 위하여 참 좋은 것을 생각해 두셨다고 믿고 1월의 그 밤에 내가 필사적으로 매달렸던 것처럼 당신도 그렇게 되기를 바란다. 엄청 크고, 무지 강하고, 확실히 돌보아 주시는 하나님께서 당신을 빚어 만들어서 그분이 바라는 일을 하게하며, 그리고 무엇보다 중요한 것은, 당신에게 권능을 주어 그분이 원하는 됨됨이를 갖춘 존재가 되게 한다. 하나님의 계획에는 "미래와 희망"이 담겨있다. 그렇다. 하나님은 사람을 항상 놀라게 하신다.

(주)

76. "M'Cheyne quotations," The Robert Murray M'Cheyne Resource, 접속일 2016년 6월 20일, http://www.mcheyne.info/quotes.php.

저자에 대하여

히브리어와 헬라어에 능통한 해럴드 J. 살라는 영어권의 밥 존스 대학교에서 영어 성경으로 철학박사 학위를 받았다. 그 후 남부 캘리포니아 대학교, 풀러 신학대학원, 덴버 신학원, 위노나 레이크 신학교, 캘리포니아 침례교 신학원에서 연구를 계속했다. 그는 세계적으로 이름난 설교자와 저자와 성경 교사이며, 국제 가이드라인스 선교회(Guidelines International Ministries)의 설립자이다.

성경의 권위, 결혼, 자녀양육, 독신생활, 인생 상담, 영적성장에 초점을 맞추어 그가 직접 쓰고 녹음한 13,000편 이상의 가이드라인스 해설은 60권 이상의 도서와 수백 종류의 정기간행물로 제작되어 배포 중이다. 가장 최근에 출판한 그의 기독교도서는 "부모지도"(The Parent Map)이다. 프라미스 출판사에서 출간한 그의 책 "믿음의 개요"(Profiles in Faith)는 미국 대중 매체의 윤리부문에 크게 이바지한 공을 인정받아 명망 있는 엔젤상을 받았다.

그는 매주 일요판 필리핀 스타지(The Philippine STAR)에 칼럼을 기고한다. 해럴드와 그의 아내 달린은 1959년에 결혼했다. 그는 슬하에 삼 남매의 자녀와 8명의 손주를 두고 있다. 지금은 그의 딸 보니 살라 대표가 가이드라인스를 운영한다.

가이드라인스는 100여 개 국에서 라디오, 도서와 정기간행물, 세미나, 집회, 선교를 통해 사람들에게 다가서서, 가르치고, 보듬어

주는 사역을 한다. 시작한지 오십여 주년이 지난, 가이드라인스 라디오 해설은 미국의 청취자를 위시하여 영어 이외에도 스페인어, 타갈로그어, 러시아어, 중국어, 알바니아어, 터키어, 루마니아어 등 다양한 언어권의 수백만 명의 사람에게 방송된다. 가이드라인스에 관련한 자세한 정보는 홈페이지(www.guidelines.org)에 올려놨다.

살라 박사가 제일 좋아하는 것은 장기간에 걸친 그의 사역이 세계 각처에 사는 사람들의 삶에 어떤 영향을 미치고 있는지 반응을 청취하는 일이다. 그는 이 책의 메시지가 얼마나 당신에게 도움이 되었는지 알려주는 당신의 반응이나, 생각, 또는 간증을 환영한다.

아래 주소로 그에게 연락할 수 있다.

Dr. Harold J. Sala
26161 Marguerite Parkway,
Suite F Mission Viejo, CA 92692
Phone: (미국) 949.582.5001
Email: info@guidelines.org

일상생활에서 성령님과 친밀하게 교제하는 비결

나는 유독 내재한 죄성으로 가슴 아퍼하며 정말 많은 고난과
어려움과 실패와 좌절과 절망의 터널을 아주 오랜 시간 지나고 있
는 미력한 자이다. 그것이 해럴드 살라 박사의 이 책을 번역하면서
내 인생에 하나님이 허락하신 강한 '굶주림'이라는 것을 깨달았다.
이 허기는 오직 나만의 골방에서 성령으로 충만함을 받으려 몸부
림 쳐야 해결된다는 통찰을 얻었다.

해럴드 박사는 성경 원어에 정통한 분이다. 그의 글 안에 성경
원문에서 배어나온 진액이 녹아있다. 그래서 그의 주장과 이론과
실제적 권면이 설득력있게 다가왔다.

성령님에 관한 건전한 성경적 교훈과 다양한 실제 예화에서 번
역자인 내가 얻었던 가장 큰 수확은 "주님! 제게도 성령의 충만함
을 주소서"라며 간청하는 기도의 욕구였다.

이 책은 기도하지 않으면 죽을 것 같은 마음을 갖게 한다. 입으
로는 성령님을 말하지만 실제로는 성령의 충만함이 비어있는 내 심
령을 직시하고 가슴치며 통회하게 한다.

해럴드 박사의 논지에 따르면, 그리스도인은 회심하는 순간 그
리스도의 약속대로 성령을 받는다. 성령을 받은 성도는 범선이 바
람으로 추진력을 받아 목적지로 힘차게 항해 하듯 성령으로 충만
함을 유지해야 한다. 저자가 제시하는 다섯 가지 이정표가 성령 충

만을 유지하는 길로 들어서게 한다.

성령충만의 가장 큰 결과는 "삶의 변화"이다.

배신의 아이콘이 복음 위해 목숨까지도 불사하는 용사의 아이콘으로 바뀌는 그런 삶의 변화이다. 이웃을 미워하던 자가 사랑의 첨병이 되는 그런 뒤바뀜이다. 실패와 불행의 늪에서 절망하는 자가 주의 도우심을 입어 회생하고 회복하고 주의 일에 강하게 붙들려 쓰임받는 그런 탈바꿈이다.

번역하는 내내 내 안에 계신 그리스도께서 숨을 내쉬며 성령을 받으라 말씀하시던 일을 기억나게 하셨다.

"오직 성령으로 충만함을 받으라!"

- 역자 오찬규 목사

망망한 바다 한가운데서 배 한 척이 침몰하게 되었습니다.
모두들 구명보트에 옮겨 탔지만 한 사람이 보이지 않았습니다.
절박한 표정으로 안절부절 못하던 성난 무리 앞에 급히 달려 나온 그 선원이
꼭 쥐고 있던 손바닥을 펴 보이며 말했습니다.
"모두들 나침반을 잊고 나왔기에 … "
분명, 나침반이 없었다면 그들은 끝없이 바다 위를 표류할 수 밖에 없을 것입니다.

우리는 삶의 바다를 항해하는 모든 이들을 위하여
그 나침반의 역할을 하고 싶습니다.
우리를 구원하신 위대한 주 예수 그리스도를 널리 전하고 싶습니다.

"하나님은 모든 사람이 구원을 받으며
 진리를 아는 데에 이르기를 원하시느니라"
(디모데전서 2장 4절)

일상생활에서
성령님과 친밀하게
교제하는 비결

지은이 | 해럴드 J. 살라
옮긴이 | 오찬규
발행인 | 김용호
발행처 | 나침반출판사

제1판 발행 | 2018년 4월 15일

등   록 | 1980년 3월 18일 / 제 2-32호
주   소 | 07547 서울특별시 강서구 양천로 583
         블루나인 비즈니스센터 B동 1607호
전   화 | 본사 (02) 2279-6321 / 영업부 (031) 932-3205
팩   스 | 본사 (02) 2275-6003 / 영업부 (031) 932-3207
홈   피 | www.nabook.net
이 메 일 | nabook@korea.com / nabook@nabook.net

ISBN   978-89-318-1559-7
책번호 다-1136

값은 뒷표지에 있습니다.